Napoleon Bonaparte

Maximen und Gedanken

Ausgewählt und mit einem Vorwort von

Honoré de Balzac

Napoleon

Napoleon Bonaparte

Maximen und Gedanken

Ausgewählt und mit einem Vorwort von
Honoré de Balzac,
nebst einer biographischen Skizze von
Klemens Wenzel von Metternich

Aus dem Französischen von
Ulrich Kunzmann

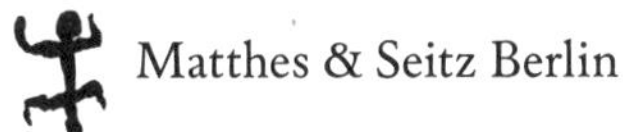

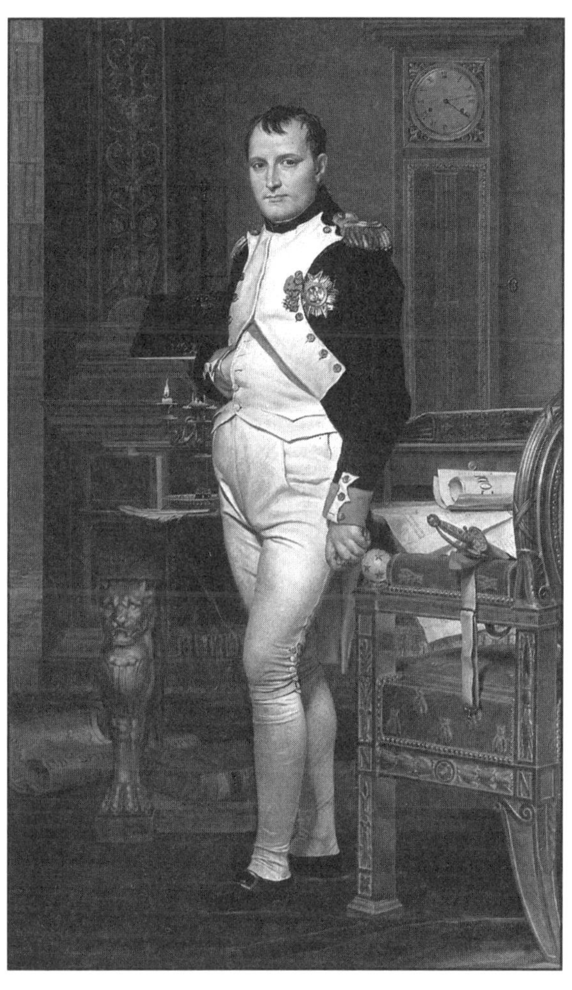

Jacques-Louis David,
Portrait Napoleons in seinem Arbeitszimmer, 1812

Inhalt

Vorwort

Der Autor des vorliegenden Textes muss bekennen, dass sein einziges Verdienst darin besteht, mehrere Jahre lang die Publikationen über Napoleon geduldig durchsucht zu haben, die Sammlung des MONITEUR[1] und die unbedeutendsten Schriften, in denen die Äußerungen dieses großen Herrschers festgehalten wurden. Außerdem rechnet er es sich als Verdienst an, dass er sich der Bedeutung des Werkes bewusst war, das so entstehen sollte und das für Napoleon den gleichen Wert wie das *Evangelium* für Jesus Christus hat. Dieses Buch, das für viele Leute ein Schatz sein wird, hätte tatsächlich an Wert verloren, wenn man alle Gedanken Napoleons wahllos veröffentlicht hätte. La Rochefoucauld hat gewiss nicht sämtliche Maximen angeführt, zu denen er sich von den Ereignissen und seinen Überlegungen anregen ließ. Er hat ausgewählt, geprüft, abgewogen und diejenigen miteinander verglichen, die er uns überliefert hat. Napoleon hingegen ist nie auf den Gedanken gekommen, eine systematische Lehre zu formulieren. Der Leutnant hat gesprochen, ohne etwas von dem Ersten Konsul zu wissen, der Kaiser hat oft Gedanken geäußert, ohne Sankt Helena vorauszusehen. Darum war es keine einfache Aufgabe, den

Mann in seiner jeweils besonderen Lage zur Geltung zu bringen und aus den Widersprüchen, in die ihn die Wechselfälle seines Lebens verwickelt hatten, sein wahres Denken herauszuarbeiten.

Bei dieser Wahl durfte man nicht zögern. Napoleon ist einer der gewaltigsten Willensmenschen, die in den menschlichen Herrschaftsannalen bekannt geworden sind: Was also bei ihm wissenswert war, konnten nur die Gesetze sein, mit denen er seine Macht errichtet und bewahrt hat.

Da er jedoch von seinem Ausgangspunkt bis zu seinem Endpunkt und von seinem Thron bis zu seinem Grab zweimal in zwei unterschiedlichen Richtungen alle gesellschaftlichen Stufen durchlaufen hat, da er alles zu sehen vermochte und alles beobachtet hat, haben wir jedes Mal, wenn einer seiner Aussprüche, so wenig er auch mit Politik zu tun hatte, aber nach unserer Meinung bestimmte Momente des menschlichen Lebens gründlich erhellen konnte, ihn nicht übergangen. So werden hier alle, die Großen wie die Kleinen, etwas Nützliches finden, denn dieses Denken, das so scharf wie eine Schwertklinge ist, hat alle Tiefen ausgelotet. Der Kaiser hat den Terroristen von 1793 und den Oberbefehlshaber vereinnahmt, der Regierende hat sich oft gegen den Regierten gewandt; doch seine Worte, die ihm von den vielfältigen Krisen abgenötigt wurden und die einander widersprechen, veranschaulichen bewundernswert klar den großen Kampf, zu dem er verurteilt war. Bestimmte Phasen seines Lebens und mehrere Episoden der Zeitgeschichte werden darum oft von einem einzigen Satz dieser Sammlung viel deutlicher veranschaulicht, als es den Historikern bisher gelungen ist.

Kann das Buch eines die Ereignisse nachträglich analysierenden Mannes jemals den Schrei eines ins Herz getroffenen Mannes aufwiegen? Wie poetisch ist Napoleons Schmerz!

Dennoch mussten mehrere Gedanken ausgesondert werden, die er mit großen Männern, seinen Vorgängern in der Politik, gemeinsam hatte, und auch andere, denen sein Name nichts von ihrer Vulgarität nahm. Gleichwohl haben wir diejenigen wiedergegeben, die der Kaiser sehr oft wiederholt und der jeweiligen Lage angepasst hat — erklären sie damit nicht sein Genie, seine Ansichten oder seine Herrschaftsmethoden?

Die Massen werden dieses Buch wie eine Erscheinung wahrnehmen, die Seele des Kaisers wird an ihnen vorüberziehen, doch für wenige auserwählte Geister wird es seine Geschichte in einer algebraischen Form sein; man wird darin den abstrakten Menschen, die Idee anstelle des Faktums sehen. Wird es nicht eine der einzigartigsten Tatsachen im Schicksal dieses Mannes sein, dass er, nachdem er so nachdrücklich gegen die Erscheinungsformen des Denkens gekämpft hat, nur noch als Buch existieren kann? Diese Maximensammlung wird vor allem das Gesetzeswerk der bedrohten Macht sein; keiner hat besser als Napoleon die bei Regierungsangelegenheiten drohenden Gefahren instinktiv erkannt. Man wird mit vollem Recht von ihm sagen, dass er freimütig war und vor keiner Konsequenz zurückschreckte. Er hat die Tat verherrlicht und das Denken verurteilt. Darin besteht, kurz gesagt, der Geist dieses politischen Testaments. Deshalb wirken viele dieser Maximen machiavellistisch, grausam, falsch, und nicht wenige von denen, die sie im tiefsten Innern für berechtigt und gut anwendbar halten, werden sie missbilligen. Es ist nicht überflüssig, darauf hinzuweisen, dass sich Napoleon in seinem Hass gegen Advokaten, Idealisten und Republikaner niemals widersprochen hat. Seine Meinung über sie bedeutet so viel wie das Verbot öffentlicher Diskussionen in Regierungsangelegenheiten.

Wir müssen uns hier nicht für oder gegen den Erfahrungsschatz entscheiden, den das Vermächtnis dieses großen Mannes für Frankreich bedeutet: Niemand darf sich anmaßen, Napoleon zu verteidigen oder anzuklagen. Es genügt, ihn allen vorzuführen: Sein Denken ist eine ganze Gesetzessammlung, die man ablehnen oder annehmen wird, die jedoch in ihrer knappsten Formulierung dargestellt werden musste. Dabei wird niemand vergessen, dass sie die Geheimnisse des größten Organisators der neueren Zeiten bietet; wenn sie in direktem Gegensatz zum Geist des heutigen Frankreich steht, so war dieser tiefgreifende Widerspruch ein weiterer Grund, sie zu veröffentlichen. Napoleon hat eine dem Parlament verantwortliche Regierung als unmöglich und die Pressefreiheit als unvereinbar mit dem Machterhalt angesehen: wie schmeichelhaft für die Könige und Minister, die ein Problem lösen werden, das er als unlösbar hinstellt!

Wir müssen noch etwas dazu sagen, wie wir diese Vielzahl von Gedanken unterteilt haben, und wir hoffen, dass man diese Gliederung als angemessen beurteilen wird.

Wir haben es für möglich gehalten, die Maximen und Gedanken zu ermitteln, die Napoleon vor dem 18. Brumaire konzipiert hat, das heißt, solange er Republikaner oder Citoyen war und sich einer anerkannten Macht unterwarf oder unterstellte.

Nach diesem ersten Teil haben wir alle die Kriegskunst betreffenden Gedanken zusammengestellt, besteht doch in ihr das Geheimnis seines Aufstiegs und die Triebkraft seines Reichs.

Der dritte Teil enthält alle Gedanken des Herrschers und die, zu denen ihn die Ausübung und Ausgestaltung der Macht anregen mussten.

Der vierte Teil schließlich umfasst alles, was ihm Erfahrung und Unglück eingegeben haben — er ist der Ruf des modernen Prometheus.

Wenn Napoleon in der Politik Beachtung verdient, so wegen seiner Vorhersagen über den Zustand Europas. Seine größten Feinde oder jene, die ihn herabsetzen wollten, können heute nicht in Abrede stellen, dass der Adlerblick, mit dem er die Schlachtfelder erkundete, auch die weitesten Felder der Politik erfasste: Heute sind die meisten Urteile, die er über die zukünftigen Ereignisse Europas und der Welt abgegeben hat, in Erfüllung gegangen; was die übrigen betrifft, so bezweifeln überlegene Geister nicht, dass sie in Erfüllung gehen. Wenn wir das Portrait Castlereaghs[2] aufgenommen haben, das sich am Ende des Buches befindet, so deshalb, um keinen der Gedanken auszuschließen, die Napoleon über die Zukunft Englands gelegentlich geäußert hat. Man muss darauf hinweisen, dass Napoleon, als er von diesem Mann sprach, auf den maßvollen Ton verzichtete, mit dem er sonst einen insgesamt und wesentlich gerechten und wahrhaftigen Standpunkt einnahm, um seine größten Feinde gelassen zu beurteilen; doch in seinen wütenden Tiraden gegen Castlereagh lässt sich ein gewisser Nationalstolz feststellen. Napoleon war in höchstem Maße Franzose. Wellington[3] ist ein Unglück, Bathurst[4] ein unfähiger und niederträchtiger Mann, den er verachtet. Aber Castlereagh ist ganz England, er ist der Feind Frankreichs: jedes Mal, wenn Napoleon den Sieger bei einem Fehler ertappt, bekundet er eine traurige Freude: Er sieht, dass es die Zukunft übernehmen soll, ihn zu rächen: Er gibt an, wo und wie England untergehen wird. Die Engländer haben wohl selbst die Weitsichtigkeit dieses großen Genies erkannt; ihre Regierung hat sich bis heute in dem verhängnisvollen Kreis bewegt, auf den Napoleon sie festgelegt hat. Darum kann Frankreich voller Stolz sagen: Noch aus Grabestiefen kämpft Napoleon weiter gegen England.

[Honoré de Balzac]

Der Republikaner und der Citoyen

1

Es gibt nur zwei Klassen in Europa, diejenige, die Privilegien haben will, und diejenige, die sie ablehnt.

2

Wenn sich der Gehorsam aus dem Instinkt der Massen ergibt, so ergibt sich die Revolte aus ihrem Nachdenken.

3

Eine Revolution ist eine Meinung, die Bajonette findet.

4

Eine Revolution ist ein Teufelskreis: Sie geht von der Maßlosigkeit aus und kehrt zu ihr zurück.

5

Die Jungen führen die Revolutionen aus, die die Alten vorbereitet haben.

6

Jesus Christus ist der größte Republikaner.

7
In einer Revolution vergisst man alles.

8
Der Bankier des Bürgerkriegs und der Revolution in Frankreich war der Engländer Pitt[5].

9
Die Gesetze der meisten Länder sind so beschaffen, dass sie den Unglücklichen unterdrücken und den Mächtigen beschützen.

10
Robespierre war in vieler Hinsicht ein Ehrenmann.

11
Es kommt selten vor, dass eine große Versammlung vernünftige Beschlüsse fasst, sie begeistert sich zu schnell.

12
Ein Club kann einen ständigen Führer nicht ertragen; er braucht einen für jede Leidenschaft.

13
Verbrechen, die man gemeinsam begeht, kompromittieren niemanden.

14
Alle Versammlungen streben danach, aus dem Herrscher ein Phantom und aus dem Volk einen Sklaven zu machen.

15
Die großen Versammlungen beschränken sich auf Cliquen, und die Clique beschränkt sich auf einen Mann.

16
Das Volk ist urteilsfähig, wenn es nicht auf Schaumschläger hört: Advokaten werden nie etwas retten und immer alles zugrunde richten.

17
Wenn Ludwig XVI. vor einem konterrevolutionären Gericht erschienen wäre, hätte man ihn verurteilt.

18
Als man Ludwig XVI. vor Gericht stellte, hätte er einfach sagen müssen, dass seine Person geheiligt sei, wie es die Gesetze bestimmten, und daran hätte er sich halten müssen. Das hätte ihm nicht das Leben gerettet, aber er wäre als König gestorben.

19
Karl I.[6] ist umgekommen, weil er Widerstand geleistet hat, und Ludwig XVI. erlitt das gleiche Schicksal, weil er keinen Widerstand geleistet hat. Keiner von beiden hat verstanden, dass das Beharrungsvermögen die geheime Grundlage der großen Herrschaftssysteme ist.

20
Ein Fürst, der von seinen Untertanen angeklagt wird, ist nicht verpflichtet, sich vor ihnen zu verteidigen.

21
Wer sich aus Prinzip rächt, ist grausam und unerbittlich.

22
Alle Parteien sind Jakobiner.

23
Die roten Mützen[7] haben die absolute Macht weiter vorangetrieben als die Monarchie.

24
Ohne Gerechtigkeit gibt es nur Unterdrücker und Opfer, und während der Revolutionen kann es niemals Gerechtigkeit geben.

25
Heute lässt man sich sogar verderben, wenn man unterdrückt.

26
Während der Revolution waren die Franzosen nie ohne König.

27
Robespierre ist ein Prozess, in dem man gerichtet hat, ohne ein Plädoyer gehalten zu haben.

28
Als die Revolution kam, wurde alles für dreißig Millionen Bewerber ausgeschrieben.

29
Die Revolutionskriege haben die ganze französische Nation geadelt.

30
In Revolutionen gibt es nur zwei Arten von Menschen: diejenigen, die die Revolution machen, und diejenigen, die Nutzen daraus ziehen.

31
Die höchste Tugend ist die Treue zum Vaterland.

32
Die Aristokratie der Großgrundbesitzer war nur im Feudalsystem gut und möglich.

33
Die Aristokratie ist im Alten Testament zu finden, die Demokratie im Neuen Testament.

34
Die Vorschriften für das Heil der Nationen entsprechen nicht denen für Privatpersonen.

35
Die meisten Gefühle sind Traditionen.

36
Die Erblichkeit des Adels nimmt Adligen und Bürgerlichen die Möglichkeit, sich im Wettstreit zu messen.

37
Der am wenigsten freie Mann ist der Parteimann.

38
Ein Hilferuf an Ausländer ist eine verbrecherische Tat.

39
Eine Partei, die sich nur auf ausländische Bajonette stützt, wird besiegt.

40
In Frankreich besteht die Freiheit in der Charta[8] und die Sklaverei im Gesetz.

41
Nie wird es eine gesellschaftliche Revolution ohne Terror geben.

42
Der Ehrgeiz, über die Geister zu herrschen, ist die stärkste aller Leidenschaften.

43
Jede Stunde, die man in der Jugend verloren hat, kann sich später unheilvoll auswirken.

44
Eine große Reputation erregt großes Aufsehen. Je lauter man davon spricht, desto weiter verbreitet sie sich: Die Ge-

setze, die Nationen, die Monumente, alles fällt; aber das Aufsehen bleibt.

45
Wer sich nur in der Hoffnung, großes Ansehen zu gewinnen, tugendhaft verhält, ist dem Laster ganz nahe.

46
Ein Mensch zeichnet sich im Leben nur aus, indem er seinen Charakter beherrscht oder indem er sich einen Charakter bildet.

47
Das Wesen jeder Methode muss darin bestehen, dass sie die Vorstellungen klärt, das Gedächtnis unterstützt und dem Denken größere Macht gibt.

48
Unglück ist die Hebamme des Genies.

49
Starke Seelen weisen die Wollust ab, so wie die Seefahrer den Klippen ausweichen.

50
Der Überlegene ist unerschütterlich: man lobt ihn, man tadelt ihn, er geht immer weiter.

51
Kraft ohne Geschicklichkeit kann nicht bestehen.

52
In Frankreich bewundert man nur das Unmögliche.

53
Man ist weitaus sicherer, die Menschen durch Absurditäten als durch richtige Gedanken zu beschäftigen.

54
Man glaubt nur, was einem zu glauben Freude macht.

55
In einer kleinen Sphäre sind große Männer nur Wirrköpfe.

56
Man verschafft sich selbst Glaubwürdigkeit, indem man die Wahrheit unglaubhaft macht.

57
Eine schöne Frau gefällt den Augen, eine gute dem Herzen. Die eine ist ein Schmuckstück, die andere ein Schatz.

58
Der Adel hätte fortbestanden, wenn er sich mehr mit den Zweigen als mit den Wurzeln seiner Stammbäume beschäftigt hätte.

59
Die meisten von denen, die nicht wollen, dass man sie unterdrückt, wollen unterdrücken.

60
In der Wissenschaft ist die Welt der Einzelheiten noch zu entdecken.

61
Wie viele Männer sind nur wegen ihrer Schwäche für ihre Frauen schuldig!

62
Bei Staatsaffären braucht man keine Leidenschaften oder Vorurteile; die einzige erlaubte Leidenschaft ist die für das Gemeinwohl.

63
Ein Mann ohne Mut oder Tapferkeit ist eine Sache.

64
Mehr als die Gewöhnung an die schlimmsten Gewalttaten verderben die Abstraktionen das Herz: Militärs sind mehr wert als Advokaten.

65
Von hundert Günstlingen der Könige hat man fünfundneunzig gehängt.

66
Liebe ist eine Dummheit, die man zu zweit begeht.

67
Der Adel hätte sich gehalten, wenn er es verstanden hätte, sich mit Feder und Tinte zu verteidigen.

68
Kühnheit hat ebenso oft Erfolg, wie sie sich zugrunde richtet: Für sie gibt es Chancengleichheit im Leben.

69
Europa ist ein Maulwurfshügel. Großreiche hat es immer nur im Orient gegeben, wo sechshundert Millionen Menschen leben.

70
Mohammeds Überlegenheit besteht darin, dass er eine Religion gegründet und dabei auf eine Hölle verzichtet hat.[9]

71
Unter einer guten Verwaltung rückt in Ägypten der Nil gegen die Wüste vor; unter einer schlechten Verwaltung rückt die Wüste gegen den Nil vor; der Geist des Bösen und der des Guten sind dort stets gegenwärtig: Darin ist ganz Ägypten zu finden.

72
Die Wüste ist ein fußfester Ozean.

73
Wenn ich Saint Jean d'Acre[10] eingenommen hätte, hätte ich im Orient eine Revolution herbeigeführt.

74
Man kann die Türken töten, man wird sie nicht besiegen.

75
Es gibt nur zwei Länder, Orient und Okzident – und zwei Völker, Orientalen und Abendländer.

76
Ich gehöre zu denen, die glauben, dass man sich die im Jenseits drohenden Strafen nur als Ergänzung für die wenig befriedigenden Verlockungen vorgestellt hat, die man uns dort verheißt.

77
Die Menschen, die die Welt verändert haben, haben dies niemals erreicht, indem sie sich an die Führer wandten, sondern indem sie die Massen aufwühlten. Das erste Mittel ist die Intrige und bringt nur zweitrangige Ergebnisse. Das zweite ist das Kennzeichen des Genies und verwandelt das Antlitz der Welt.

78
Es gibt nur zwei Hebel, um die Menschen aufzuwühlen: Furcht oder Interesse. Jede große Revolution muss sich der Furcht bedienen; die auf dem Spiel stehenden Interessen bringen keine großen Ergebnisse. (Dieser Gedanke ist gewissermaßen die Beweisführung für den 41. Gedanken.)

79
An der Grenze der demokratischen Regierung beginnt die Anarchie, an jener der monarchischen Regierung der Despotismus. Die Anarchie ist ohnmächtig, der Despotismus vermag Großes zu vollbringen.

80
Aus alten Monarchien macht man keine guten Republiken.

81
Es gibt so viele Gesetze, dass niemand der Gefahr entgeht, gehängt zu werden.

82
Die Parteien werden von der Angst geschwächt, die sie vor fähigen Leuten haben.

83
Wenn Angreifer oben im Himmel unrecht haben, so haben sie hier auf Erden recht.

84
Man tut nur das gut, was man selbst tut.

85
In Frankreich hängt das allgemeine Wohlergehen von der Vernichtung der Parteien ab.

86
Wenn man in der Gefahr diskutiert, heißt das so viel, wie an seiner Halskette zu ziehen.

87
Man muss die Völker gegen ihren Willen retten.

88
Ein überlegener Mensch steht niemandem im Wege.

89
In der Gefahr findet man wahre Freude bei sich selbst.

90
Gründungen hat man immer nur mit dem Säbel vorgenommen.

91
Man steigt am höchsten, wenn man nicht weiß, wohin man geht.

92
Zu sagen, woher ich komme, wer ich bin, wohin ich gehe, das übersteigt meine Gedanken, und trotzdem existiert das alles.

93
Man führt das Volk nur, indem man ihm eine Zukunft zeigt: Ein Führer ist ein Händler, der Hoffnungen verkauft.

94
Der größte Redner der Welt ist der Erfolg.

95
Nur durch eine absolute Macht kann man die Not besiegen.

96
Ich werde der Brutus der Könige und der Cäsar der Republik sein.

97
Wer sein Vaterland rettet, hat gegen kein Gesetz verstoßen.

98
Eine Revolution ist erreicht, wenn man sich nur noch eines Menschen entledigen muss, um sie zu vollenden.

99
Nichts funktioniert in einem politischen System, in dem die Worte nicht mit den Dingen übereinstimmen.

100
Der Erfolg macht den großen Mann.

Die Kriegskunst

101
Krieg ist ein Naturzustand.

102
Ein kühler Kopf ist der größte Vorzug eines Mannes, der zum Befehlen bestimmt ist.

103
Tapferkeit ist eine innere Eigenschaft, man gibt sie sich nicht selbst, sie rührt vom Blut her; der Mut kommt aus dem Denken; Tapferkeit ist oft nur das Herbeisehnen der Gefahr.

104
Tapfer ist man nur für die anderen.

105
Mut lässt sich nicht nachahmen; diese Tugend entzieht sich der Heuchelei.

106
Spontaner Mut, der einem trotz ganz unvorhergesehener Ereignisse die Geistes-, Urteils- und Entscheidungsfreiheit lässt, ist äußerst selten.

107
Wo die Fahne ist, dort ist Frankreich.

108
Der erste Vorzug des Soldaten ist, dass er ständig Strapazen erträgt, Tapferkeit ist nur der zweite Vorzug.

109
Der beste Soldat ist nicht so sehr der kämpfende, sondern der marschierende.

110
Entbehrungen und Elend sind die wahren Lehrmeister des Soldaten.

111
Von allen Menschen ist der Soldat am empfänglichsten für Wohltaten.

112
Für die Tapferen ist ein Gewehr nur der Griff eines Bajonetts.

113
Fünf Dinge darf ein Soldat nie aufgeben: sein Gewehr, seine Patronen, seinen Tornister, seinen Proviant für wenigstens vier Tage und sein Schanzgerät.

114
Man wird sich nicht auf dem Schlachtfeld um Epauletten bemühen, wenn man sie in einem Vorzimmer bekommen kann.

115
Disziplin ist nur dauerhaft, wenn sie dem Charakter der Nation entspricht.

116
Im Krieg besteht das Genie darin, durch die Tat zu denken.

117
Der Krieg ist vor allem eine Angelegenheit der Intuition.

118
Der Krieg ist eine Lotterie, bei der die Nationen nur kleine Einsätze wagen sollen.

119
Man wird der Mann seiner Uniform.

120
Keiner versteht sich besser als Soldaten und Priester.

121
Es gibt nur eine ehrenhafte Art, Kriegsgefangener zu werden, wenn man nämlich als Einzelner gefangen wird, ohne

dass man sich seiner Waffen bedienen kann: Dann gibt es keine Bedingungen, man muss sich dem Zwang beugen.

122
Ein General, der in die Hände der Feinde geraten ist, hat denen keine Befehle mehr zu geben, die noch kämpfen.

123
Es widerspricht jeder Politik, den überrumpelten oder eingekreisten Offizieren und sogar Generälen die Kapitulation zu erlauben, außer wenn es sich um belagerte Garnisonen handelt; im Allgemeinen muss man immer kämpfen, selbst wenn die Gesamtlage verzweifelt scheint.

124
Im Krieg verdient jeder Ortskommandant, der die Stadt einen Augenblick eher übergibt, als er dazu gezwungen ist, den Tod.

125
Nichts stärkt ein Bataillon so sehr wie der Erfolg.

126
Die Kriegswissenschaft ist die Berechnung der Massen, die an gegebenen Punkten eingesetzt werden.

127
Im Krieg ist Kühnheit das schönste Kalkül des Genies.

128
Im Krieg muss man sich auf das Hindernis stützen, um es zu überwinden.

129
Die Einbildungskraft bewirkt, dass man Schlachten verliert.

130
Ein General muss ein Scharlatan sein.

131
Es gibt Menschen, die sich wegen ihrer physischen und sittlichen Konstitution alles bildlich vorstellen: Welches Wissen, welchen Mut, welchen Geist sie auch haben, die Natur hat sie nicht dazu berufen, eine Armee zu kommandieren.

132
Die Geste eines geliebten Generals ist mehr wert als die schönste Ansprache.

133
Eine Armee ist ein Volk, das gehorcht.

134
Eine Armee, die nicht formiert wird, kapituliert schließlich.

135
Eine Armee muss in jedem Moment bereit sein, den ganzen Widerstand zu leisten, dessen sie fähig ist.

136
Im Krieg wie in der Liebe muss man sich aus der Nähe sehen, um der Sache ein Ende zu machen.

137
Im Krieg ist die Theorie dafür gut, allgemeine Vorstellungen zu geben, doch die genaue Ausführung dieser Regeln wird immer gefährlich sein: Man muss sich der Achsen bedienen, um die Kurve zu zeichnen.

138
Es gibt nur zwei Arten von Feldzugsplänen, die guten und die schlechten; die guten scheitern beinahe immer infolge von unvorhergesehenen Umständen, die oft den schlechten zum Erfolg verhelfen.

139
Wehe dem General, der mit einem System aufs Schlachtfeld kommt.

140
Wer ein Schlachtfeld nicht trockenen Auges ansehen kann, lässt viele Männer unnütz töten.

141
Zu Beginn eines Feldzugs muss man gründlich überlegen, ob man vorrücken soll oder nicht; doch wenn man die Offensive durchgeführt hat, muss man bis zur letzten Konsequenz an ihr festhalten. Wie geschickt auch die Manöver

bei einem Rückzug sein mögen, er wird die Moral der Armee schwächen, denn verliert man die Erfolgsaussichten, so überlässt man sie dem Feind. Rückzüge kosten außerdem viel mehr Männer und Material als die blutigsten Gefechte, mit dem Unterschied, dass der Feind in einer Schlacht annähernd ebenso viel wie ihr verliert, während ihr bei einem Rückzug Verluste erleidet und er nicht.

142
Ein Oberbefehlshaber muss sich mehrmals am Tag sagen: Was würde ich tun, wenn die feindliche Armee vor mir, rechts von mir oder links von mir auftauchte? Und wenn er in Verwirrung gerät, ist er fehl am Platz, verhält sich regelwidrig und muss Abhilfe schaffen.

143
In einer Armee muss es ein richtiges Verhältnis zwischen Infanterie, Kavallerie und Artillerie geben: Die Waffengattungen lassen sich niemals gegenseitig ersetzen; immer benötigt man vier Geschütze für tausend Mann und eine Kavallerie, die einem Viertel der Infanterie gleichkommt.

144
Unternehmt nie Flankenmärsche vor einer in Stellung liegenden Armee. Dieser Grundsatz ist uneingeschränkt gültig.

145
Die Stärke einer Armee wird wie die Menge der Bewegungen in der Mechanik berechnet, indem man die Masse mit

der Geschwindigkeit multipliziert. Ein Eilmarsch erhöht die Moral der Armee, er vermehrt ihre Siegeschancen.

146
Ein Geschütz muss dreihundert Schüsse abgeben können: Das ist der Verbrauch von zwei Schlachten.

147
Es gibt Fälle, in denen man sich zusätzliches Blutvergießen erspart, wenn man einige Männer opfert.

148
Die Infanterie ist die Seele der Armee.

149
Die Infanterie muss aus weiter Entfernung auf die Kavallerie schießen, anstatt sie in größter Nähe zu erwarten.

150
Im gegenwärtigen Zustand der Infanterie muss man dem dritten Glied größere Stärke geben oder es beseitigen.

151
Das Geheimnis der großen Schlachten besteht darin, dass man es versteht, sich im richtigen Augenblick zu entfalten und zu konzentrieren.

152
Die Grundsätze Cäsars waren die Hannibals, und die Hannibals waren die Alexanders: seine Kräfte vereint zu hal-

ten, an keinem Punkt verwundbar zu sein, all seine Kräfte schnell zu einem gegebenen Punkt zu verlegen.

153
Bei einer unterlegenen Armee besteht die Kriegskunst darin, immer mehr Kräfte als ihr Feind an dem Punkt zu haben, wo man angreift oder angegriffen wird.

154
Wenn man die Infanterie und die Kavallerie sich selbst überlässt, bringen sie keine endgültigen Ergebnisse, doch bei einem ausgewogenen Kräfteverhältnis muss die Kavallerie zusammen mit der Artillerie die Infanterie vernichten.

155
Bei einer Schlacht wie bei einer Belagerung ist die Artillerie alles: Sobald der Kampf eröffnet ist, besteht die Kunst darin, eine große Zahl von Feuern auf einen Punkt zu konzentrieren, ohne dass der Feind es voraussehen kann.

156
Grundsätzlich gilt für eine Armee, ihre Kolonnen immer so vereint zu halten, dass der Feind nicht zwischen sie eindringen kann; wenn man aus übergeordneten Gründen von dieser Regel abweicht, müssen die getrennten Truppenteile in ihren Operationen unabhängig sein und sich einem festen Punkt zuwenden, an dem sie sich vereinen, ohne zu zögern und ohne neue Befehle zu erhalten.

157
Die Kunst, ein Lager in einer bestimmten Position einzurichten, ist nichts anderes als die Kunst, dort eine Front zu bilden; die eingenommene Position darf nicht beherrscht, verlängert oder umfasst werden, vielmehr soll sie die entgegengesetzte Position beherrschen, verlängern und umfassen.

158
Am Vorabend eines Angriffs darf man niemals Truppenteile von einer Armee trennen; alles kann sich von einem Augenblick zum nächsten verändern: Ein Bataillon entscheidet über einen Kampftag.

159
Bei einem Feldzug darf kein Befehlshaber in einem Haus schlafen, und es darf nur ein einziges Zelt geben, das des Oberbefehlshabers wegen seiner Karten.

160
Die größte Gefahr droht im Augenblick des Sieges.

161
Einem fliehenden Feind muss man eine goldene Brücke bauen oder eine stählerne Mauer entgegenstellen. (1813. Affäre Vandamme.[11])

162
Politik und Moral lehnen einmütig Plünderungen ab.

163
Für die modernen Armeen besteht die einzige mögliche Veränderung in der Beseitigung der Verwaltungsmittel: der Lager, Öfen, Trainwagen und des Trosses; diese Fragen hatten die Menschen im Altertum äußerst eindringlich beschäftigt.

164
Die große Revolution, die man in die Kriegskunst einzuführen hat, wird auf der Möglichkeit beruhen, die man finden muss, damit man dem Soldaten die größtmögliche Mehlmenge zu tragen und das Mittel dazu gibt, das Mehl zu backen: Das hat Cäsar ständig beschäftigt.

165
Die Artillerie ist noch zu schwer und zu kompliziert, man muss weiter vereinfachen und verkleinern.

166
Freundlichkeit und anständige Behandlung ehren den Sieger und entehren den Besiegten, der allein bleiben und nichts dem Mitleid verdanken muss. (1798. Brief an Kléber.[12])

167
Dass wir unsere Seeschlachten verloren haben, liegt am mangelhaften Charakter der Oberbefehlshaber, an den taktischen Fehlern und an der Meinung der Kapitäne, die glauben, sie dürften nur handeln, wenn sie entsprechende Signale erhalten.

168
Das erste Gesetz der Seekriegstaktik muss darin bestehen, dass, sobald der Admiral das Signal zum Angriff gegeben hat, jeder Kapitän die Bewegungen auszuführen hat, um ein feindliches Schiff anzugreifen und seine Nachbarn zu unterstützen.

169
Wenn jemals ein Heer in England eindringt, kann sich London keine Stunde halten.

170
Hannibal hat die Alpen bezwungen. Ich habe sie bei meinem ersten Vormarsch umgangen.

171
Deutsche und Österreicher wissen nicht, welchen Wert die Zeit hat.

172
Bei denen, die etwas zu verlieren haben, findet man keine unerschrockenen Leute.

173
Die Gefahr verleiht den Franzosen Geist.

174
Franz I. hatte in Pavia eine schöne und Furcht erregende Artillerie; er schickte seine Kavallerie vor und verdeckte seine

Batterien, die, wenn sie geschossen hätten, ihm den Sieg gebracht hätten; er hat gegen den Grundsatz verstoßen, dass eine Armee in jedem Moment den ganzen Widerstand, dessen sie fähig ist, leisten muss.

175

Mein schönster Feldzug ist der vom 20. März: Man hat keinen einzigen Schuss abgegeben.[13]

Der Herrscher und Organisator

176
Gleichheit gibt es nur in der Theorie.

177
Der Name und die Form einer Regierung bedeuten nichts, vorausgesetzt, dass die Bürger gleiche Rechte haben und dass es eine gerechte Rechtsprechung gibt.

178
Wenn man die politische Freiheit gründlich prüft, erweist sie sich als eine allgemein anerkannte Legende, die von den Regierenden ersonnen wurde, um die Regierten einzuschläfern.

179
Die Gesetze der Gesellschaft können allen Menschen die gleichen Rechte geben, die Natur wird ihnen niemals gleiche Fähigkeiten geben.

180
Die Monarchie beruht auf der Ungleichheit der Stellungen, wie sie der Natur entspricht, und die Republik auf der Gleichheit, die unmöglich ist.

181
Das Volk wird niemals wahre Gesetzgeber wählen.

182
Die absolute Macht unterdrückt die ehrgeizigen Bestrebungen und wählt sie aus, die Demokratie lässt ihnen allen freien Lauf, ohne sie zu prüfen.

183
Die Demokratie erhöht die Souveränität, nur die Aristokratie bewahrt sie.

184
Ein Usurpator hatte zu viele Herren, um nicht als absoluter Herrscher zu beginnen.

185
Nichts darf weniger einem Menschen ähneln als ein König.

186
Im System der absoluten Macht genügt ein Wille, um einen Missstand zu beseitigen, im System der Volksversammlungen braucht man dafür fünfhundert.

187
Die Grundlage jeder Autorität besteht im Vorteil dessen, der gehorcht.

188
Im Grunde muss man Militär sein, um zu regieren, man beherrscht ein Pferd nur mit Stiefeln und Sporen.

189
Es gibt keinen absoluten Despotismus, er ist nur relativ: Das Übermaß ergießt sich auf der einen oder der anderen Seite; was der Ozean an einer Stelle überflutet, verliert er an einer anderen.

190
Die absolute Macht muss in ihrem Wesen väterlich sein, sonst wird sie gestürzt.

191
Die beste Kette, um Volk und Fürst zu verbinden, ist das Glück.

192
Unter einem Herrn ist der bloße Begriff der Volksrechte ein Verbrechen in der Politik.

193
Jeder Mensch, der dreißig Millionen besitzt und keinen Wert darauf legt, ist gefährlich für eine Regierung.

194
Ein Herrscher darf immer nur versprechen, was er halten will.

195
Eine Regierung kann nur von ihrem Prinzip leben.

196
Auf der Einmütigkeit der Interessen beruht die Macht einer Regierung.

197
Die gute Politik besteht darin, den Völkern weiszumachen, sie seien frei; die gute Regierung besteht darin, sie so glücklich zu machen, wie sie es sein wollen.

198
Die Souveränität darf sich nur in voller Tätigkeit zeigen, indem sie Gnaden gewährt und von Gebrechen frei ist.

199
In den Augen von Reichsgründern sind die Menschen keine Menschen, sondern Instrumente.

200
Die Qual der Vorsichtsmaßnahmen wiegt schwerer als die zu vermeidenden Gefahren: Es ist besser, sich in sein Schicksal zu ergeben.

201
Ein Fürst, der Angst hat, kann in jedem Augenblick gestürzt werden.

202
Ein Herrscher, der gezwungen ist, das Gesetz zu achten, kann den Tod seines Staates erleben.

203
Man macht sich durch einen leichten Fehlgriff ebenso wie durch einen großen Staatsstreich unbeliebt; wenn man die Kunst des Herrschens kennt, setzt man seine Glaubwürdigkeit nur gegen hinreichende Sicherheit aufs Spiel.

204
Eine neugeborene Regierung muss blenden.

205
Die Bevölkerung braucht lärmende Feste; Dummköpfe haben Lärm gern, und die Menge besteht aus Dummköpfen.

206
Das Bewusstsein des Staatsoberhauptes besteht darin, dass er Ereignisse voraussieht; in dem Augenblick, da er sich als größter Wohltäter verhält, bezichtigt man ihn der Tyrannei.

207
Die Interessen aller zu verstehen ist einer gewöhnlichen Regierung angemessen; sie vorauszusehen kommt einer großen Regierung zu.

208
Bei der Wiederherstellung eines Staates verbindet sich alles miteinander. Wenn man die Parteien zusammenhielte, indem man ihre Leidenschaften zu gemeinsamen Interessen umbildete, wäre das wenig; es wäre erst die Hälfte der Arbeit, wenn man diese Interessen nicht mit den nächstliegenden verknüpfte; um Herr bei sich zu Hause zu sein, darf man keine Grenzstreitigkeiten fürchten.

209
Eine Abgeordnetenkammer ist gut, um vom Volk zu erhalten, was der König nicht von ihm erbitten kann.

210
Ein Herrscher muss sich damit beschäftigen, das Gute zu suchen, das es im Schlechten gibt, und umgekehrt.

211
Das Staatsoberhaupt darf kein Parteiführer sein.

212
Der Aufstieg der Herrscher hängt von dem ihrer Völker ab.

213
Ein großer Herrscher ist derjenige, der in jedem Moment die Ergebnisse voraussieht.

214
Ein Herrscher, der sich an eine Partei bindet, bringt das Boot zum Kentern und beschleunigt den Schiffbruch.

215
Die alten und verdorbenen Nationen werden nicht wie die antiken Völker regiert: Heute gibt es für einen, der sich für das öffentliche Wohl opfern würde, Tausende, die nur ihre Interessen und ihre Eitelkeit kennen; das Geheimnis des Gesetzgebers und des Herrschers besteht darin, die Laster zu nutzen, die sie beherrschen müssen; hierin besteht eines der Geheimnisse, warum man zu den Kreuzen und Ordensbändern zurückgekehrt ist. Es ist so weit mit uns gekommen, dass die Auszeichnungen über die Selbstachtung bestimmen, indem sie die Eitelkeit befriedigen.

216
Ehre ist für die Herrscher ein moralischer Fiskus.

217
Die Palastmilizen sind desto gefährlicher, je absoluter der Herrscher ist.

218
Ein Ausnahmegesetz ist eine Anklageschrift gegen die Macht.

219
Die Regierung muss eine ständige Machtdemonstration sein.

220
Zugeständnisse entwürdigen die Macht.

221
Jede Regierung darf die Menschen nur als Massen sehen.

222
Es ist unbedingt notwendig, dass eine Regierung nach dem Ende einer großen Revolution hart ist.

223
Bei allen öffentlichen Handlungen sind Macht, Folgerichtigkeit und Einheit notwendig.

224
Ein Staatsoberhaupt muss dafür sorgen, dass sogar das Schlechte zum Wohl des Gemeinwesens beiträgt.

225
Wenn man Glück hat, erreicht man den Ruhm eines Volkes; um es glücklich zu machen, braucht man große Beständigkeit.

226
In der Verwaltung muss man mehr Charakter als im Krieg entwickeln.

227
Die Etikette ist der Kerker des Königs.

228
Eine Regierung, die sich aus heterogenen Bestandteilen zusammensetzt, ist nicht von Dauer.

229
Manche Leute verhalten sich nur ihren Feinden gegenüber gut.

230
Ich sehe es nicht gern, wenn man so tut, als verachte man den Tod; das große Gesetz gebietet, dass man sich ins Unvermeidliche fügen muss.

231
Bei der Anwendung der Gesetze muss man es verstehen, die Verluste vorauszuberechnen.

232
Man kann nicht genug glauben, um nicht zu glauben, die Kommunion könne heilsam sein, und man kann zu sehr glauben, um sich nicht geradewegs der Gefahr eines Sakrilegs auszusetzen. (Bei der Kaiserkrönung.)

233
Die Empfindlichkeit einer Regierung verrät ihre Schwäche.

234
Ein Thron ist nur ein mit Samt verkleidetes Brett.

235
Es gibt so etwas wie ein Netz, das über die niedrigen Schichten der Gesellschaft gebreitet ist und das die Massen umfasst; eine Masche muss sich lösen, damit etwas nach oben gelangen kann.

236
Das Staatsinteresse setzt sich früher oder später den kleinlichen Leidenschaften gegenüber durch.

237
In Regierungsangelegenheiten führt oft ein falsch gesäter Keim, wenn er einer gewissen Ordnung unterliegt, zu einem wahren Ergebnis.

238
Gewöhnlich verlangt ein Wohltäter mehr, als er gegeben hat.

239
Ein Herrscher darf sich weder auf das Wort noch auf das Aussehen verlassen.

240
Die Statistik ist der Haushaltsplan der Dinge.

241
Die Trennung zwischen dem Schatzamt und dem Finanzministerium ist die wahre und einzig mögliche Spezialisierung.

242
Die Regierten müssten weise und die Regierenden Götter sein, damit ein Volk frei sein kann.

243
Die Verschwörer, die sich vereinen, um eine Tyrannei abzuschütteln, unterwerfen sich als Erstes der eines Führers.

244
Die Ordensleute wären der beste Lehrkörper, wenn sie auf ihr ausländisches Oberhaupt verzichten könnten.

245
Man kann der Willkür des Richters nur entgehen, indem man sich dem Despotismus des Gesetzes unterwirft.

246
Die Moral ist für sich allein ein ganzes Gesetzbuch.

247
Man beeinflusst die Überlegungen der Fürsten, wenn man ihre Eigenliebe verletzt.

248
Niemand kann sagen, was er in seinen letzten Augenblicken tun wird.

249
Ein Staatsoberhaupt darf ebenso wenig auf die Regierung der Ideen wie auf die der Menschen verzichten.

250
Seit der Erfindung der Schwarzen Kunst beruft man sich auf das Licht der Vernunft, um zu herrschen, und man herrscht nur, um dieses Licht zu unterwerfen.

251
Wenn die Wissenschaft von der Hand der Macht geführt würde, brächte sie große Ergebnisse für die Gesellschaft.

252
Es gibt unvermeidliche Revolutionen. Dies sind moralische Eruptionen, die den physischen Eruptionen der Vulkane gleichen. Wenn die chemischen Verbindungen, die sie hervorbringen, vollständig herausgebildet sind, brechen sie aus, ebenso wie die Revolutionen, wenn die moralischen Verbindungen so weit herangereift sind: Man muss die Bewegung der Ideen überwachen, um ihnen vorzubeugen.

253
Es gibt keine Idealvorstellungen, die keinen positiven Rest hinterlassen.

254
Ein Herrscher muss es immer verstehen, die Öffentlichkeit für sich zu nutzen.

255
Die IDEE hat mehr als die Tatsache geschadet, sie ist die Hauptfeindin der Herrscher.

256
Eine konkrete Verschwörung endet, sobald man die Hand ergreift, die den Dolch hält; eine moralische Verschwörung hat kein Ende.

257
Die klassischen Bücher sind von Rhetoren verfasst; stattdessen sollten sie nur von Staatsmännern oder Leuten von Welt verfasst werden.

258
Ein Volk, das alles sagen darf, kann schließlich alles tun.

259
Die Zeitungen müssten auf die kleinen Anzeigen beschränkt werden.

260
Die Bücher regen zu sehr zum Nachdenken an, als dass sie eine Nation nicht verderben könnten, indem sie ihr die Tatsache entfremden.

261
Die großen Schriftsteller sind hoch angesehene Schwätzer.

262
Ein merkwürdiges Buch wäre dasjenige, in dem es keine Lügen gäbe.

263
Ein Dummkopf ist nur langweilig, ein Pedant ist unerträglich.

264
Alle wollen, dass die Regierenden gerecht sind, und niemand ist es ihnen gegenüber.

265
Mit einem Philosophen kann man nichts anfangen.

266
Der Atheist ist ein besserer Untertan als der Fanatiker: Der eine gehorcht, der andere tötet.

267
Die Herrscher müssen Verfehlungen vergeben und sie nie vergessen.

268
Man regiert die Menschen besser durch ihre Laster als durch ihre Tugenden.

269
Die Menschen sind dankbar, wenn man sie überrascht, während es so scheint, als wäre man ihnen das Glück schuldig.

270
Ehrliche Leute sind so ruhig und Spitzbuben so munter, dass man sich dieser oft bedienen muss.

271
Stellt einen Spitzbuben in den Vordergrund, er wird wie ein ehrlicher Mensch handeln.

272
Es gibt Spitzbuben, die Spitzbuben genug sind, um sich als ehrliche Leute aufzuführen.

273
In der Politik sind junge Leute mehr wert als Greise.

274
Die beste Möglichkeit, sein Wort zu halten, besteht darin, es nie zu geben.

275
Der Begriff »politische Tugend« ist Unsinn.

276
Ein Fürst muss Misstrauen gegen alles hegen.

277
Mit mittelmäßigen Ministern, die auf ihrem Posten bleiben, geht es einem Staat besser, als wenn die Minister oft wechseln, selbst dann, wenn man große Geister einsetzt.

278
Man besänftigt die theologischen Vulkane mit Wasser und nicht mit Öl.

279
Man darf es nicht zulassen, dass ein Zwischenfall die Politik beherrscht, die Politik muss vielmehr die Zwischenfälle beherrschen.

280
Die Unschlüssigkeit der Fürsten bedeutet für die Regierungen, was die Lähmung für die Bewegungen der Gliedmaßen bedeutet.

281
Man kann einen Staatsstreich wagen, um die Macht zu ergreifen, jedoch nie, um sie zu festigen; dann schlägt man gegen den Herrscher los.

282
In der Politik ist eine Absurdität kein Hindernis.

283
Neutralität besteht darin, dass man für jeden das gleiche Gewicht und das gleiche Maß hat; in der Politik ist sie Unsinn: Man ist stets daran interessiert, dass jemand triumphiert.

284
Man muss denen seine Gunst entziehen, die man nicht mehr belohnen kann.

285
Den Tod fürchten heißt, sich zum Atheismus zu bekennen.

286
Die Kirche muss im Staat sein und nicht der Staat in der Kirche.

287
Die Kerzen, die man heute am helllichten Tag anzündet, erleuchteten früher die Katakomben. (Am Kaiserkrönungstag in Notre-Dame.)

288
Es gibt Situationen in der Politik, aus denen man nur herauskommt, indem man Fehler begeht.

289
Unvermeidliche Kriege sind immer gerecht.

290
Es ist leichter, Gesetze zu machen, als sie auszuführen.

291
Die Polizei erfindet mehr, als sie findet.

292
Es ist leichter zu betrügen, als einen Betrug aufzudecken.

293
Die gefährlichste Macht ist eine Abstraktion hinter der öffentlichen Gewalt.

294
Die Ehe leitet sich nicht von der Natur her.

295
Mit Kühnheit kann man alles unternehmen, doch nicht alles vollbringen.

296
Das Gesetz zu interpretieren heißt, es zu verfälschen; die Advokaten töten die Gesetze.

297
Ein schlechtes Gesetz, das man anwendet, leistet mehr Dienste als ein gutes Gesetz, das man interpretiert.

298
Wenn man mit den Köpfen zusammenstößt, lernt man sich kennen.

299
Nichts ist so schwer zu zügeln wie ein Volk, das seinen Sattel abgeworfen hat.

300
Mit Säbelhieben kann man einen Thron nicht wieder aufrichten oder stärken.

301
Der einzige Sieg über die Liebe ist die Flucht.

302
Was wissen wir darüber, ob die Tiere keine besondere Sprache haben?

303
Die Pflanzen sind auch Tiere, die essen und trinken.

304
Das Interesse erklärt nur gewöhnliche Handlungen.

305
Endlose Angelegenheiten sind jene, bei denen es keine Schwierigkeiten gibt.

306
Menschen, die sich erniedrigen, zetteln keine Verschwörungen an.

307
Es gibt umstandsbedingte Laster und Tugenden.

308
Ein Herrscher hat immer unrecht, wenn er im Zorn redet.

309
Wie kann man nicht gut sein, wenn man alles kann?

310
Es ist eine Dummheit, wenn man die Verantwortung für politische Handlungen gesetzlich festlegen will.

311
Ein Pfarrer muss ein natürlicher Friedensrichter, der moralische Anführer der Bevölkerung sein.

312
Der Zynismus der Sitten richtet den politischen Körper zugrunde.

313
Grundsätzlich gilt, dass man die Behörden und die Garnisonen verlegen muss; das Staatsinteresse verlangt, dass es keine unersetzbaren Stellungen geben darf: Den Gedanken der Einheit darf es nur an einem einzigen Ort geben.

314
Es gibt bestimmte Verfehlungen, mit denen sich die Gerichte nicht befassen können, und die modernen Gesetze haben in dieser Hinsicht den Herrschern die Hände gebunden.

315
Man darf die Fehler, die unschädlich sind, nicht unterdrücken und auch nicht verfolgen.

316
Ein Reich wie Frankreich kann und muss ein paar Irrenanstalten haben, die man Kartausen nennt.

317
Im Altertum vereinte man viele Berufe, und wir trennen sie voneinander.

318
Wäre die Vollkommenheit kein Hirngespinst, so hätte sie keinen solchen Erfolg.

319
Wer seinem Gedächtnis die meisten Bilder entnehmen kann, ist der mit der größten Einbildungskraft.

320
Es ist unmöglich, Gesetze gegen das Geld zu erlassen.

321
Man vereitelt vieles, indem man so tut, als sähe man es nicht.

322
Die Politik, die nicht moralisch sein kann, muss der Moral zum Sieg verhelfen.

323
Die Menschen richten sich nach den Umständen.

324
Nichts ist tyrannischer als die Schwäche, die spürt, dass sie von der Stärke gestützt wird.

325
Neid ist das Eingeständnis der Unterlegenheit.

326
Perversität ist nie ein gemeinschaftliches Phänomen.

327
Man muss die menschlichen Schwächen anerkennen und ihnen eher nachgeben, als sie bekämpfen.

328
Dürfen wir hier auf Erden aus Gott den Gegenstand unserer Streitgespräche machen?

329
List bekundet nicht immer Schwäche.

330
Eine Ungültigkeitserklärung ist nichts weiter als ein Prozess zwischen Urteil und Gesetz.

331
Vollkommene Höflinge müssen ihren Götzen verachten und stets bereit sein, ihn zu zerschlagen.

332
Wer es versteht zu schmeicheln, versteht es auch zu verleumden.

333
Es ist sehr schwer zu wissen, wo die Höflichkeit endet und die Schmeichelei beginnt.

334
Geld ist stärker als jeder Despotismus.

335
Umstandsbedingte Gesetze werden von neuen Umständen abgeschafft.

336
In weltlichen Angelegenheiten rettet nicht der Glaube, sondern das Misstrauen.

337
Die Diplomatie ist die Polizei im Galakostüm.

338
Manche Frau der alten Aristokratie wird ihren Körper einem Plebejer ausliefern, ihm aber nicht die Geheimnisse der Aristokratie enthüllen; deshalb sind die vornehmen Leute die einzigen möglichen Botschafter.

339
Verträge werden so lange erfüllt, wie die Interessen übereinstimmen.

340
Wenn man zu harte Bedingungen auferlegt, bedeutet das, von der Pflicht zu entbinden, sie zu erfüllen.

341
Ein Kongress ist eine zwischen Diplomaten vereinbarte Lügengeschichte, das ist die mit Mohammeds Säbel vereinte Feder Machiavellis.

342
Greise, die die Vorlieben der Jugend bewahren, verlieren an Achtung, was sie an Lächerlichkeit gewinnen.

343
Die Romane sind die Geschichte der menschlichen Begierden.

344
Die Arbeit ist die Sense der Zeit.

345
Für die Nationen und die Herrscher gibt es keine kleinen Ereignisse.

346
Völker, die in Bewegung geraten sind, kann man nicht aufhalten.

347
Liebe ist die Beschäftigung des Müßiggängers, die Zerstreuung des Soldaten und die Klippe des Herrschers.

348
Man darf keinen zweifelhaften Verbündeten auf Kosten eines treuen Verbündeten kaufen.

349
Die Dummköpfe reden über die Vergangenheit, die Klugen über die Gegenwart und die Narren über die Zukunft.

350
Jede Nachsicht mit den Schuldigen deutet auf ein heimliches Einverständnis hin.

351
Der Apparat ist für die Macht, was der Kultus für die Religion ist.

352
Bei den Rechtsgelehrten lässt sich Einfachheit nicht leicht durchsetzen: Die Formalisten des Staatsrates haben viele Vereinfachungen verhindert.

353
Die Unruhe des Menschen ist so groß, dass er unbedingt das Vage und Geheimnisvolle braucht, das die Religion bietet.

354
Man vernichtet eine religiöse Nation, man teilt sie nicht.

355
Eine Verfassungsurkunde ist nur gut, wenn man sie praktisch durchsetzt.

356
Das Missverhältnis zwischen Absichten und Mitteln kennzeichnet den Wahnsinn.

357
Ein Mensch mit glatter Stirn hat nie überlegt.

358
Der Handel vereint die Menschen, und alles, was sie vereint, verbündet sie; der Handel schadet im Wesentlichen der Autorität.

359
Jede Fraktion ist eine Regierung in der Regierung.

360
Bettler sind Mönche auf einer niedrigeren Ebene.

361
Reichtum besteht nicht im Besitz, sondern im Gebrauch der Schätze.

362
Die Familienordnung beruht nicht auf einem Naturrecht: Die Form der Ehe richtet sich nach den Sitten.

363
Bei der Ehe unterscheidet sich die orientalische Familie vollständig von der abendländischen. Also ist die Moral nicht allgemein gültig: Der Mensch ist der Diener der Natur, und die Gesellschaft wird ihr aufgepfropft.

364
Die Ehe ist nicht immer das Ende der Liebe; die meisten jungen Mädchen heiraten, um ihre Unabhängigkeit zu erreichen und sich selbstständig zu machen, und sie nehmen

Ehemänner, die überhaupt nicht zu ihnen passen; das Gesetz muss ihnen ein Hilfsmittel für den Zeitpunkt bereitstellen, zu dem sie erkennen, dass sie vollständig irregeführt worden sind; doch diese Möglichkeit darf nicht den Leichtsinn oder die Leidenschaft begünstigen: Eine Frau darf sich der Scheidung nur ein einziges Mal bedienen und erst fünf Jahre später wieder heiraten. Nach zehn Ehejahren muss die Scheidung unmöglich sein.

365

Damit eine Ehe glücklich ist, verlangt sie einen ständigen Austausch der Transpiration.

366

Gall[14] lebte schon ganz in seinen sprichwörtlichen Ausdrücken: ein Strohkopf, ein Quadratschädel.

367

Bei Hofe ist es ein großer Fehler, wenn man sich nicht in den Vordergrund drängt.

368

Gesetze, die in der Theorie klar sind, sind bei ihrer Anwendung oft ein Chaos.

369

Es gibt einen größeren Abstand vom Geist zum gesunden Menschenverstand, als man denkt.

370
Strenge verhütet mehr Fehler, als sie unterdrückt.

371
Alle guten Gesetze müssen kurz sein; sind sie lang, so werden sie zu Verordnungen.

372
Was man als Naturgesetz bezeichnet, ist nur das Gesetz des Interesses und der Vernunft.

373
Es gibt Krisen, in denen das Volkswohl verlangt, einen Unschuldigen zu verurteilen.

374
Die Gewohnheit verurteilt uns zu vielen Torheiten, und die größte ist, dass man sich ihr sklavisch unterwirft.

375
Man muss dem Glück bei seinen Launen folgen und ihm nachhelfen, wenn man kann.

376
Alles, was nicht auf physikalisch und mathematisch exakten Grundlagen beruht, muss von der Vernunft geächtet werden.

377
Jedes Geisteswerk ist umso überlegener, je universeller der Autor ist.

378
Ein guter Philosoph wird ein schlechter Staatsbürger.

379
Verschwörungen werden im Interesse der größten Feiglinge angezettelt.

380
Es ist nie nützlich, Hass zu erregen.

381
Wenn man herrscht, muss man mit dem Kopf und nie mit dem Herzen regieren.

382
Im Leben unterliegt alles der Berechnung.

383
Der Pöbel beurteilt die Macht Gottes aufgrund der Macht der Priester.

384
Die Moral ist sehr oft ein Freibrief für Verleumdungen.

385
Ein Dummkopf hat einem geistvollen Mann gegenüber einen großen Vorteil: Er ist immer mit sich selbst zufrieden.

386
Wenn man seine moralische Krankheit kennt, muss man es verstehen, seine Seele zu kurieren, wie man seinen Arm oder sein Bein kuriert.

387
In der Politik wie im Krieg lässt sich jedes Übel, selbst wenn es in den Regeln besteht, nur in dem Maße entschuldigen, wie es notwendig ist.

388
Der Außenhandel, der in seinen Ergebnissen der Industrie und der Landwirtschaft unendlich unterlegen bleibt, ist für diese bestimmt, während diese beiden nicht für den Außenhandel bestimmt sind. Die Interessen dieser drei für den Wohlstand der Staaten wesentlichen Grundlagen weichen voneinander ab und sind oft entgegengesetzt: Man darf sich nur so für sie einsetzen, wie es ihrer natürlichen Rangordnung entspricht.

389
Ein Staatsmann muss sein Herz im Kopf haben.

390
Der Arme und der Bettler sind zwei zutiefst unterschiedliche Klassen; der eine verlangt Achtung, der andere erregt Zorn.

391
Wenn alle Angehörigen eines Volks Stellungen haben wollen, ist man von vornherein verkauft.

392
Bildung und Geschichte sind die Feindinnen der Religion.

393
Man schlägt sich eher für seine Interessen als für seine Rechte.

394
Ausländische Ehebündnisse garantieren und sichern nie etwas.

395
Eine Möglichkeit, die Hälfte aller Gerichtsprozesse zu unterdrücken, würde darin bestehen, nur die Anwälte zu bezahlen, die ihre Sache gewinnen; allerdings konnte ich diese Idee nicht im Staatsrat durchsetzen.

396
Die Liebe ist das Los der müßigen Gesellschaften.

397
In der Einbildung wie bei der Berechnung ist die Macht des Unbekannten unermesslich.

398
Die Markthalle ist der Louvre des Volks: Alles, was man dort Gutes tut, nützt dem Herrscher.

399
Der Tod ist ein traumloser Schlaf, aus dem man vielleicht nie erwacht.

400
Der Mann, der für Staatsangelegenheiten und Autorität geschaffen ist, sieht niemals die Personen, sondern die Dinge und ihre Folgen.

401
Die körperlichen Fähigkeiten schärfen und vergrößern sich inmitten von Gefahren und Bedürfnissen: Seeleute und Beduinen haben Luchsaugen, und die im Wald lebenden Wilden haben den feinen Geruchssinn der Tiere.

402
Eine lange und umfangreiche ministerielle Korrespondenz ist ein Arsenal mit Waffen, die alle möglichen Schneiden haben.

403
Man kann Höflinge mit Bändern dekorieren, man macht aus ihnen keine Männer.

404
Nichts, was den Menschen entwürdigt, ist lange nützlich.

405
Die falscheste Politik ist die, die eine Partei der anderen entgegenzustellen und sich dabei zu schmeicheln, sie zu beherrschen.

406
Der starke Mann ist der, der die Verbindung zwischen den Sinnen und dem Denken nach Belieben unterbrechen kann.

407
Ein König legt täglich Rechenschaft ab.

408
Das Verhängnis ist das Ergebnis einer Berechnung, deren Voraussetzungen wir nicht alle kennen.

409
Eine höhere Macht treibt mich einem Ziel entgegen, das ich nicht kenne; solange es nicht erreicht ist, bin ich unverwundbar; sobald ich ihm nicht mehr notwendig bin, wird eine Fliege genügen, um mich aus der Bahn zu werfen.

410
Nichts ist schwieriger, als sich zu entscheiden.

411
Der Marsch zahlreicher einzelner Truppenteile führt aus Mangel an Einheit unvermeidlich in den Untergang.

412
Das schwierigste politische Werk besteht darin, Vertrauen zu erhalten, bevor man einen Erfolg erringt.

413
In der Lage, in der ich bin, finde ich Seelenadel nur bei der Kanaille, die ich vernachlässigt habe, und Kanaillengeist nur bei dem Adel, den ich ernannt habe. (1814.)

414
Nur General Bonaparte kann Kaiser Napoleon retten. (1814.)

415
Wer in jedem Augenblick alles verlieren kann, muss in jedem Augenblick alles wagen.

416
Großmächte sterben an Verdauungsstörung.

417
In der Welt gibt es kein vollkommenes Glück oder Unglück: Das Leben eines glücklichen Menschen ist ein Bild mit silbernem Hintergrund und schwarzen Sternen; das Leben eines unglücklichen Menschen ist ein schwarzer Hintergrund mit silbernen Sternen.

418
Ein König soll nicht unter das Unglück hinabsteigen.

419
Mir haben nicht meine Soldaten gefehlt, sondern ich habe meinen Soldaten gefehlt. (1814.)

420
Die absolute Macht braucht nicht zu lügen; sie handelt und schweigt. Eine dem Parlament verantwortliche Regierung ist stets gezwungen, sich zu äußern, und verfällt in schändliche Lügen. In kurzer Zeit verliert sie alle Autorität, wird verachtet und stürzt. Wenn die absolute Macht stürzt, wird sie wenigstens gehasst.

421
Man kann anhalten, wenn man hinaufsteigt, aber niemals, wenn man hinabsteigt.

422
Machiavelli kann sagen, was er will, Festungen sind nicht so viel wert wie die Gunst der Völker.[15] (1815.)

Erfahrung und Unglück

423
In Europa gibt es kein Völkerrecht mehr: Es geht nur noch darum, dass man sich gegenseitig wie Hunde umbringt.

424
Es wird das Geheimnis der auf mich folgenden Regierungen sein, die Massen zu unterdrücken und den Individuen die größte Freiheit zu lassen: Der Egoismus ist die einzige gegenwärtige Triebkraft. Ich bin zugrunde gegangen, weil ich versucht habe, den Massen Gutes zu tun, indem ich ihnen das Individuum opferte.

425
Die Fähigkeit und die Mittel sind heute in der Menge so allgemein verbreitet, dass man sich hüten muss, den Gedanken an einen Wettbewerb zu wecken, und vor allem deshalb muss man auf die Wahl verzichten.

426
Anleihen sind das Verderben der landwirtschaftlich geprägten Nationen und das Leben der gewerbetreibenden Nationen.

427
Man bessert keine Throne aus.

428
Nicht das Verbotene, sondern das Verbot führt zum Verbrechen.

429
Regierungen mit Gegengewichten sind nur in Friedenszeiten gut.

430
Die politischen Gesetze können verglichen mit denen der Menschheit nicht von der geringsten Dauer sein; sie sind für die Sitten gemacht, und die Sitten ändern sich.

431
Man muss diejenigen in der Erniedrigung achten, die sich in der Größe geachtet haben.

432
Es ist das größte Übel der Politik, dass sie keine festen Vorschriften hat.

433
Das Glück hängt von den Ereignissen ab, die Glückseligkeit hängt von den Zuneigungen ab.

434
Eine Gesellschaft ohne Leidenschaften steht still.

435
Die Revolution muss lernen, dass man nichts vorhersehen kann.

436
Frankreich wird nur an Paris sterben.

437
Ich bin mit meinem ganzen Kopf begraben. (Auf Sankt Helena.)

438
Der Zufall ist der einzige rechtmäßige König der Welt.

439
Die Garde war mein Schatz an Männern. (Auf Sankt Helena.)

440
Als sich die Könige auf mich stürzten, sind sie zusammen mit mir gefallen. (Auf Sankt Helena.)

441
Die historische Wahrheit ist nicht selten eine allgemein anerkannte Legende: Bei jeder Staatsangelegenheit gibt es die materielle Tatsache und die Absicht; die Tatsache, die unbe-

streitbar sein müsste, ist oft ein ewiger Prozess. Wie kann man es danach wagen, von Absichten zu sprechen? Ich habe erlebt, dass man mich als Urheber eines Schlachtplans nicht anerkannte.

442
Ich bin unter Segeln untergegangen, während alle manövrierten. (Auf Sankt Helena.)

443
Es gibt keinen Diebstahl, am Ende muss man für alles bezahlen.

444
Das Denken reift sowohl bei Erfolgen als auch im Unglück.

445
In Frankreich kann es keine Republik mehr geben: Die gutgläubigen Republikaner sind Idioten, die anderen Dummköpfe oder Intriganten.

446
Es ist sehr schwer, ehrlich zu regieren.

447
Man kann den Angelegenheiten einen ersten Anstoß geben; danach reißen sie einen mit.

448
Es ist immer niederträchtig und schändlich, einen Unglücklichen zu verleumden.

449
Ein Schicksalsschlag wirkt wie eine Münzprägepresse, er prägt einen Menschen, wie es seinem Wert entspricht.

450
Unter einer De-facto-Regierung zählen nur die materiellen Kräfte.

451
Frankreich liebt Veränderungen zu sehr, als dass sich eine Regierung halten könnte.

452
Der menschliche Geist hat drei Erfolge errungen: das Geschworenengericht, die Steuergleichheit, die Gewissensfreiheit.

453
Mit einem aufrichtigen Verbündeten würde Frankreich die Herrin der Welt sein.

454
Ständige Opferbereitschaft ist am seltensten.

455
Aberglaube ist das Vermächtnis der klugen Leute eines Jahrhunderts für die Dummköpfe der Zukunft.

456
Wenn die Soldaten die Feuertaufe erhalten haben, sind sie vor mir alle gleich. (Auf Sankt Helena, als er über die ihn bewachenden englischen Soldaten sprach.)

457
Solon und die Ägypter hatten recht: Man kann über einen Menschen erst nach seinem Tod urteilen.

458
Man erhebt sich über die, die einen beleidigen, indem man ihnen vergibt.

459
Wenn man ein System hat, muss man sich immer das Recht vorbehalten, am nächsten Tag über seine Ideen vom Vortag zu lachen.

460
Eine Regierung ist ein notwendiges Übel.

461
Man hat größere Aussichten, einen guten Herrscher durch Erbrecht als durch eine Wahl zu finden.

462
Niemand hat in meinem Spanienkrieg die Absicht gesehen, das Mittelmeer zu beherrschen.

463
Ich habe nichts im Überfluss, von der Zeit abgesehen. (Auf Sankt Helena.)

464
Oligarchien ändern niemals ihre Ansicht, ihre Interessen sind ständig dieselben.

465
Wie viele überlegene Menschen sind mehrmals am Tag wie Kinder.

466
Die Völker erholen sich von allen Niederlagen, wenn sie einen großen Raum einnehmen.

467
Jedes Alter gibt uns eine andere Rolle.

468
In fünfzig Jahren wird Europa republikanisch oder kosakisch sein. (Auf Sankt Helena.)

469
Meine Kriege haben die Adelsurkunden vernichtet.

470
Die Kanone hat das Feudalsystem vernichtet, die Tinte wird die moderne Gesellschaft vernichten.

471
Der Zufall legt Rechenschaft über all unsere Dummheiten ab.

472
Der Wohlstand der Staaten kündigt ihr Ende an.

473
Die Franzosen haben keine Nationalität. (Vielleicht meinte er damit: keinen Patriotismus.)

474
Keine menschliche Institution ist von Dauer, wenn sie nicht auf einem Gefühl beruht.

475
Es ist ebenso mutig, die Übel des Lebens standhaft zu ertragen, wie dem Geschosshagel einer Batterie standzuhalten.

476
Wenn man seines Geburtszimmers und des Gartens, durch den man in seiner Kindheit gelaufen war, beraubt ist, wenn man nicht die väterliche Wohnung besitzt, so bedeutet das, kein Vaterland zu haben.

477
Entweder Geld oder Ordensbänder: Die Ordensbänder werden sich abnutzen, die Regierung wird zu teuer werden.

478
Die Franzosen werden ihren ganzen Wert erreichen, wenn sie Wirren durch Prinzipien, Eitelkeit durch Stolz, die Liebe zu den Stellungen durch die Liebe zu den Institutionen ersetzen.

479
Die Torheiten der anderen machen uns niemals klug.

480
Politisches Gleichgewicht ist ein Hirngespinst.

481
Es kann einem einzigen Menschen nicht gelingen, eine alte und revolutionierte Nation zu bilden.

482
Die Verfassungsfreunde sind Einfaltspinsel: In Frankreich hat man alle Pakte gebrochen, man wird sie immer wieder brechen, sie sind ja nur auf Papier geschrieben.

483
Auf die Dauer verdirbt zu viel Macht selbst den ehrlichsten Menschen.

484
Meine Geschichte setzt sich aus Tatsachen zusammen, die einfache Worte nicht zerstören können.

485
Das Kolonialsystem ist am Ende: Man muss sich auf die freie Seefahrt und den allgemeinen Freihandel einrichten.

486
In Waterloo hat erst alles gefehlt, als alles gelungen war.

487
Das alte System ist am Ende, und das neue hat keine Möglichkeiten, denn einer dem Parlament verantwortlichen Regierung wird es immer an Einheit fehlen.

488
Die Demokratie kann wüten, aber sie hat Mitgefühl, man rührt sie; für die Aristokratie bleibt sie immer kalt und verzeiht nie.

489
Bei den Italienern habe ich Grundsätze eingeführt, die man nicht wieder ausrotten kann; sie werden immer weiter gären.

490
Frankreich hat natürliche Grenzen, über die ich nie hinausgehen wollte. Aus Italien wollte ich ein unabhängiges Königreich machen.

491
Antwerpen war eine stets geladene, aufs Herz Englands gerichtete Pistole.

492
Ein Ministerium kann Misserfolge überstehen, die einen Herrscher töten würden.

493
Von allen Aristokratien ist die des Geldes die schlimmste.

494
Heute ist der Thron nicht mehr eine Grundherrschaft, sondern ein Richteramt.

495
Unser Körper ist eine Lebensmaschine.

496
Um ein erfolgreicher Eroberer zu werden, muss man unbarmherzig sein.

497
Die Deklamationen gehen vorüber, die Taten bleiben.

498
Die Könige werden meinen Sturz teuer bezahlen.

499
Selbst in den Momenten größter Verdorbenheit hat die Niedertracht gewisse Grenzen.

500
Wenn die große Mehrheit der Gesellschaft heute die Gesetze missachten wollte, wer hätte dann die Macht, sie zurückzuhalten?

501
Unglücke haben ihr Heldentum.

502
Wenn ich in den Wolken der Allmacht gestorben wäre, wäre ich ein Problem geblieben; durch meine Verbannung kann man mich offen beurteilen.

503
Nach meiner Abdankung hat man Frankreich den Fuß auf die Gurgel gesetzt und ihm eine Steuer von fünfzehnhundert Millionen aufgebürdet: England hatte sich freiwillig eine Steuer von sieben Milliarden auferlegt.

504
Früher kannte man nur eine Art des Eigentums, die des Bodens; nun ist eine neue hinzugekommen, die der Industrie, die sich gegenwärtig im Konflikt mit der ersten Art befindet; dann gibt es eine dritte, die auf die gewaltigen, von den Bürgern erhobenen Steuerlasten zurückgeht, und wenn diese Lasten von den neutralen und unparteilichen Händen

der Regierung verteilt werden, können sie vor dem Monopol der beiden anderen schützen, ihnen als Vermittler dienen und sie an einem offenen Konflikt hindern. Da man jedoch diese große Revolution im Eigentumsbereich nicht anerkennen und hartnäckig die Augen vor solchen Wahrheiten verschließen wollte, begeht man heute so viele Dummheiten und setzt sich so vielen Umwälzungen aus. Die Welt hat eine große Umstellung durchgemacht und bemüht sich, sich wieder zu beruhigen; darin besteht, kurz gesagt, die ganze Erklärung für die allgemeine Erregung, die uns peinigt. Man hat die Schiffsladung umgeräumt, Ballast von vorn nach hinten geschafft, und daher kommen diese wütenden Schwankungen, die beim ersten Sturm einen Schiffbruch herbeiführen können, wenn man das Schiff wie üblich steuern will, ohne dass man ein neues Gleichgewicht erreicht hat.

505

Solange ich die Führung der Staatsangelegenheiten innehatte, befand sich Frankreich in demselben Zustand wie Rom, als man dort erklärte, dass man einen Diktator brauche, um es zu retten: Man musste andere erschlagen, um nicht erschlagen zu werden.

506

Wer Konstantinopel besitzen wird, muss die Welt regieren.

507

Ich wollte nie die Ereignisse meinem System gemäß entstellen; ich unterwarf im Gegenteil mein System dem unvorhergesehenen Zusammenhang der Ereignisse.

508
Meine eiserne Hand befand sich nicht am Ende meines Arms, sondern war unmittelbar mit meinem Kopf verbunden; das Kalkül und nicht die Natur hat sie mir gegeben.

509
Der erste Herrscher, der sich beim ersten großen Kampfgetümmel aufrichtig für die Sache der Völker entscheidet, wird an der Spitze Europas stehen.

510
Eine meiner großen Ideen bestand darin, dieselben geographisch zusammengehörenden Völker, die die Revolutionen und die Politik aufgelöst und zersplittert haben, wieder eng zusammenzuschließen und zu konzentrieren. In Europa zählt man dreißig Millionen Franzosen, fünfzehn Millionen Spanier, fünfzehn Millionen Italiener, dreißig Millionen Deutsche und zwanzig Millionen Polen; ich wollte jedes Volk in einer Nation vereinen. Der Anstoß ist gegeben; jede derartige Revolution wird sich vollziehen; und meine Idee kann als Hebel für die zukünftigen Geschicke Europas dienen.

511
Ich war gezwungen, zehn Jahre lang auf den Leichenhaufen der Deutschen zu kämpfen; sie konnten meine wahren Absichten nicht kennenlernen, und ich hatte große Pläne mit ihnen.

512
Es gibt keine großen zusammenhängenden Handlungen, die das Werk des Zufalls oder des Glücks wären; sie gehen stets auf die Kombinationen des Genies zurück.

513
Als Lord Castlereagh keine Wiedergeburt Polens ermöglicht hat, hat er Konstantinopel an Russland ausgeliefert, ganz Europa in Gefahr und England in tausend Bedrängnisse gebracht.

514
Ich habe zwanzig Jahre gebraucht, um die italienische Nationalität wiederherzustellen.

515
Russland muss fallen oder wachsen. Wenn es sich Polen einverleiben und die Polen mit seiner Regierung versöhnen kann, hat es den größten Schritt zur Eroberung Indiens hinter sich gebracht; wenn es die Zuneigung der Polen verliert, wird es stets im Rücken bedroht sein.

516
Russland ist noch weitaus fürchterlicher, weil es nie abrüstet.

517
Russland wird sich Konstantinopels und eines großen Teils der Türkei bemächtigen. Ich halte das für ebenso sicher, als wäre es schon geschehen. (1817.) Sobald es sich in Konstanti-

nopel festgesetzt hat, wird es zur Seemacht, und Gott allein weiß, was daraus noch wird.

518
Wäre Hannibal an der Trebia, am Trasimenischen See und in Cannae besiegt worden, so wäre danach weniger als die auf Zama folgenden Katastrophen geschehen.[16]

519
Wäre ich in Schönbrunn ermordet worden, so hätte das weniger verhängnisvoll als meine Ehe mit Marie-Louise gewirkt.

520
Die einzigen Eroberungen, die keine Reue nach sich ziehen, sind die, die man gegen die Unwissenheit durchsetzt.

521
England gleicht den Indienhandel mit Blut aus.

522
England ist die einzige Macht, die daran interessiert ist, dass Frankreich nicht Belgien bekommt, und solange England nicht zulässt, dass Frankreich Belgien besitzt, bleibt sein Bündnis unaufrichtig.[17]

523
Es ist ungerecht, dass man einer Generation durch die vorhergehende Verpflichtungen auferlegt; eine Anleihe müsste auf fünfzig Jahre beschränkt sein. Warum sollte das Volk

nicht das Privileg der Krone haben, die nicht für die Schulden des toten Königs verantwortlich ist? Man muss ein Mittel finden, um die künftigen Generationen vor der Begierde der gegenwärtigen Generationen zu schützen, ohne dass man sich eines Bankrotts bedient.

524
Ich wollte niemals eine Anleihe. 1814 hatte Frankreich nur sechzig Millionen Staatsanleihen zu bedienen, und ich habe ein Vermögen von über hundert Millionen hinterlassen.

525
Als neuer Prometheus bin ich an einen Felsen gekettet, wo mich ein Geier zerhackt; ich hatte das Feuer des Himmels gestohlen, um es Frankreich zu schenken; das Feuer ist nach oben zu seiner Quelle zurückgekehrt, und nun bin ich hier.

Sir Thomas Lawrence, Robert Stewart, Viscount Castlereagh, ca. 1809/10

Über Lord Castlereagh[18]

Pitt beherrschte die ganze europäische Politik, er hatte das moralische Geschick der Völker in seiner Hand; er hat diese Macht schlecht gebraucht; er hat die Welt in Brand gesteckt und wird inmitten von Flammen, Trauer und Tränen nach Art des Herostrat in die Geschichte eingehen: Sein Werk sind die ersten Funken unserer Revolution, hierauf der gesamte Widerstand gegen die Wünsche der Nation und schließlich alle entsetzlichen Verbrechen, die daraus hervorgingen. Dieser fünfundzwanzig Jahre anhaltende Weltbrand, diese zahlreichen Koalitionen, die ihn genährt haben, die Umwälzung und Verwüstung Europas, die Ströme von Blut, die die Völker deshalb vergießen mussten, die schreckliche Verschuldung Englands, das all dies bezahlt hat, das verderbliche System der Anleihen, deren Last die Völker zu Boden drückt, das heute herrschende allgemeine Unbehagen, das alles ist sein Werk. Die Nachwelt wird diese Dinge anerkennen, sie wird ihn als eine wahre Plage bezeichnen; dieser von seiner Zeit so hochgerühmte Mann wird eines Tages nur noch der Geist des Bösen sein; ich halte ihn nicht etwa für entsetzlich, und ich bezweifle nicht einmal, dass er überzeugt war, Gutes zu tun: Die Bartholomäusnacht hatte ja auch ihre überzeugten Befürworter; der Papst und die

Kardinäle haben deshalb ein Tedeum gesungen, und unter all diesen guten Leuten befanden sich gewiss einige, die aufrichtig waren. So viel über die Menschen, ihre Vernunft und ihre Urteile. Doch was die Nachwelt Pitt vor allem vorwerfen wird, ist die grauenhafte Schule, die er hinterlassen hat, ihr unverschämter Machiavellismus, ihre tiefe Immoralität, ihr kalter Egoismus, ihre Verachtung für das Schicksal der Menschen oder für die Gerechtigkeit.

Aus wirklicher Bewunderung oder bloßer Dankbarkeit oder auch aus reinem Instinkt oder lediglich aus Sympathie — wie dem immer sein mag, Pitt war und bleibt der Mann der europäischen Aristokratie: Denn in seinem Wesen hatte er tatsächlich etwas von einem Sulla. Sein System hat die Unterdrückung der Sache des Volkes und den Triumph der Patrizier herbeigeführt. Was nun Fox[19] betrifft, so braucht man nicht im Altertum nach einem Vorbild für ihn zu suchen, vielmehr soll er selbst als Vorbild dienen, und seine Schule muss gewiss früher oder später die Welt regieren; Fox' Tod ist ein verhängnisvoller Augenblick meiner Laufbahn; wenn er weitergelebt hätte, hätten die Ereignisse eine ganz andere Wendung genommen, die Sache der Völker hätte sich durchgesetzt, und wir hätten in Europa eine neue Ordnung der Dinge festgelegt.

Fox' Herz regte seinen Geist an, während Pitts Geist sein Herz verhärtete. Doch mich fragen viele, wie ich höre, warum ich, als ich allmächtig war, nicht wie Fox gehandelt habe. Ich antworte denen, die gutgläubig sind, dass sich hier nichts vergleichen lässt. England kann auf einem Gebiet operieren, dessen Fundamente ins Innere der Erde hinabreichen: Meines gründete sich vorerst nur auf Sand. England herrscht über zuverlässig eingeführte Dinge; ich hatte die große Last und die unermessliche Schwierigkeit, sie einzuführen. Ich läuterte eine Revolution und trotzte damit den enttäuschten Parteiströmungen. Ich hatte alles verstreute Gute, das man von ihr bewahren musste, tatsächlich zusammengetragen und vereint, doch ich war gezwungen, dies alles mit der Kraft meiner Arme zu schützen, um es vor den Angriffen aller zu retten.

Lord Castlereagh ist ein Schüler Pitts und hält sich seiner vielleicht für ebenbürtig, doch im besten Fall ist er dessen Affe: Unermüdlich hat er die Pläne und Komplotte seines Herrn gegen Frankreich fortgesetzt.

Seine Beharrlichkeit und Hartnäckigkeit waren vielleicht seine wahren und einzigen Vorzüge. Pitt aber verfolgte weitreichende Vorstellungen: Das Interesse seines Landes hatte bei ihm absoluten Vorrang, er hatte Genie, er war schöpferisch, und er benutzte seine Insel als Stützpunkt, um zu regieren und die Könige des Kontinents nach seinem Belieben handeln zu lassen. Da Castlereagh hingegen den Schöpfergeist durch die Intrige und das Genie durch Unterstützungsgelder ersetzte und sich sehr wenig um sein Land kümmerte, hat er unaufhörlich den Einfluss und das Ansehen dieser Könige des Kontinents genutzt, um seine Macht auf seiner Insel zu festigen und zu erhalten.

Sogar in England wird er, wie man mir gesagt hat, als unmoralischer Mensch angesehen. Er hat mit einer politischen Apostasie begonnen, die zwar in seiner Heimat allgemein üblich ist, doch immer einen unauslöschlichen Makel hinterlässt. Er hat seine Laufbahn unter dem Banner der Sache des Volkes angetreten, und er hat sich als Mann der Macht und der Willkür hervorgetan. Wenn man ihm Gerechtigkeit widerfahren lässt, muss er von den Iren – seinen Landsleuten, die er verraten hat – und von den Engländern verabscheut werden, deren innere Freiheiten und äußere Interessen er vernichtet hat. Er regiert über alle Übrigen und beherrscht mithilfe seiner Intrigen und seiner Kühnheit sogar den König. Er stützt sich auf eine Mehrheit, die er selbst zusammengebracht hat, und ist stets bereit, sich im Parlament mit letzter Schamlosigkeit gegen Vernunft, Recht, Gerechtigkeit und Wahrheit einzusetzen; keine Lüge macht ihm Mühe, nichts hält ihn zurück, alles ist ihm gleich: Er weiß, dass Wahlen stets dazu dienen, um alles gutzuheißen und zu legitimieren. Er war so unverschämt, dem Parlament Dinge als zuverlässige Tatsachen vorzulegen, von denen er ganz genau wusste, dass sie gefälscht waren, wobei er vielleicht selbst ihre Fälschung veranlasst hatte, und dennoch hat man aufgrund dieser Akten die Entthronung Murats[20] verkündet.

Trotzdem, und das bezeichnet den Lauf der Dinge hier auf Erden, ist Pitt mit all seinem Genie unaufhörlich gescheitert, und Castlereagh hat einen vollständigen Erfolg errungen. Aber warum?

Was für einen Frieden hat jedoch England nach zwanzig Kriegsjahren unterzeichnet, nachdem man so viele Schätze vergeudet und der gemeinsamen Sache so viel Hilfe geleistet hat, nachdem man einen Triumph errungen hat, der über alle Erwartungen hinausging? Castlereagh konnte über die inhaltlichen Bestimmungen verfügen: Welch großen Vorteil, welche gerechte Entschädigungen hat er für sein Land durchgesetzt? Er hat einen Frieden geschlossen, als wäre er besiegt worden. Der Elende! Ich hätte ihn kaum schlechter behandelt, wenn ich endgültig gesiegt hätte. Oder wäre es gar deshalb, weil er sich überglücklich schätzte, mich gestürzt zu haben? In diesem Fall rächt mich der Hass. Zwei starke Gefühle haben England während unseres Kampfes beseelt: sein nationales Interesse und sein Hass gegen meine Person. Sollte England durch die Heftigkeit des einen Gefühls das andere im Augenblick des Triumphs vergessen haben? Dann würde es diesen Moment der Leidenschaft teuer bezahlen! Jahrtausende werden vergehen, bevor sich eine solche Gelegenheit für das Wohlergehen und die wahre Größe Englands erneut bietet. Hat man es also bei Castlereagh mit Unwissenheit oder Korruption zu tun? Dieser Lord Castlereagh hat, wie er glaubte, die Beute edelmütig an die Herrscher des Kontinents verteilt und nichts für sein eigenes Land zurückbehalten; aber hat er nicht befürchtet, dass man ihm vorwerfen könnte, er sei eher ihr Gehilfe als ihr Teilhaber gewesen? Er hat unermessliche Gebiete verschenkt: Russland, Preußen und Österreich haben eine nach Millionen zählende Bevölkerung hinzugewonnen. Wo findet sich der Ausgleich für England? Dieses Land war ja doch die Seele der Erfolge, es hatte alle Kosten getragen; daher erntet es nun schon die Früchte der Dankbarkeit des Kontinents und der Fehlgriffe oder des Verrats seines Verhandlungsführers. Man setzt mein Kontinentalsystem fort; man lehnt seine gewerblichen Erzeugnisse ab und schließt sie aus. Warum hat man nicht stattdessen den Kontinent mit einem Kranz freier und unabhängiger Seestädte umgeben, wie etwa Danzig, Hamburg, Antwerpen, Dünkirchen, Genua und anderen, die weiterhin als vorgeschriebene Lager für englische Manufakturwaren gedient hätten, mit denen die Engländer – trotz aller Zollschranken der Welt – Europa überschwemmen würden? England hatte das Recht dazu und benötigte es. Seine Entscheidungen wären gerecht gewesen, und wer hätte sich ihnen im Augenblick der Befreiung widersetzt? Warum hat man sich selbst in Bedrängnis gebracht und sich gleichzeitig einen natürlichen Feind geschaffen, indem man Belgien mit Holland vereinte, anstatt zwei gewaltige Hilfsquellen für seinen Handel zu bewahren, indem man sie getrennt hielt? Holland, das keine eigenen Manufakturen besitzt, war das natürliche Warenlager der englischen Manufakturen; wenn Belgien eine englische Kolonie unter einem englischen Fürsten geworden wäre, wäre es der Verbindungsweg gewesen, auf dem man Frankreich und Deutschland ständig mit diesen Waren überschwemmt hätte. Warum hat man nicht Spanien und Portugal durch einen langfristigen Handelsvertrag gebunden, der alle Kosten zurückerstattet hätte, die man für die Befreiung dieser Länder aufbringen musste und die man erhalten hätte, weil man damit drohen konnte, sonst ihre Kolonien zu befreien, mit denen man in beiden Fällen den ganzen Handel abgewickelt hätte? Warum hat man nicht eine Vergünstigung für das Ostseegebiet und gegenüber den Staaten Italiens festgelegt? All das waren Hoheitsrechte der Seeherrschaft.

Nachdem man so lange gekämpft hat, um dieses Recht zu verteidigen, wie kann man dann die Vorteile vernachlässigen, wenn diese Herrschaft tatsächlich bestätigt war? Konnte England, wenn es die Usurpation der anderen sanktionierte, befürchten, dass es jemand wagte, seine Usurpation abzulehnen? Und wer hätte so etwas vermocht? Ich erwartete etwas Derartiges. Vielleicht bedauern sie es heute, da es zu spät ist, denn sie könnten nicht mehr darauf zurückkommen, sie haben den einzigartigen Moment verpasst.

Wie viele Fragen hätte ich noch hinzuzufügen! Nur Lord Castlereagh konnte so handeln; er hat sich zum Mann der Heiligen Allianz gemacht; im Lauf der Zeit wird man ihn in England verfluchen. Die Lauderdales[21], die Grenvilles[22], die Wellesleys[23] und andere hätten ganz anders verhandelt; sie wären nämlich als Männer ihres Landes aufgetreten. Doch Lord Castlereagh hat sich vollständig als Mann des Kontinents erwiesen. Als Herr Europas hat er alle zufriedengestellt und nur sein eigenes Land vergessen. Die Akten verletzten dermaßen die nationalen Interessen, sie widersprachen dermaßen den Doktrinen des Landes, sie waren dermaßen von Inkonsequenz geprägt, dass man nicht versteht, wie sich eine kluge Nation von einem solchen Narren regieren ließ.

Er nimmt die Legitimität als Grundlage, aus der er ein politisches Dogma machen will, während sie den Thron seines eigenen Herrn von Grund auf erschüttern würde; und trotzdem erkennt er Bernadotte im Gegensatz zum legitimen Gustav IV. an, der sich für England aufgeopfert hat. Er erkennt den Usurpator Ferdinand VII. an und benachteiligt damit Karl IV., dessen ehrwürdigen Vater. Er verkündet zusammen mit den Alliierten als eine weitere entscheidende Ausgangsbasis die Wiederherstellung der alten Ordnung, die Wiedergutmachung dessen, was sie als Unrecht, Ungerechtigkeiten und politische Raubzüge bezeichnen, schließlich die Wiederkehr der öffentlichen Moral, und er opfert die Republik Venedig, die er Österreich preisgibt, und die Republik Genua, die er dem Piemont überlässt. Er vergrößert seinen natürlichen Feind Russland um Polen; er beraubt den König von Sachsen zugunsten Preußens, das ihm keinerlei Hilfe mehr leisten kann; er reißt Norwegen von Dänemark los, das unabhängiger von Russland ist und ihm den Schlüssel zur Ostsee liefern könnte, und beschenkt damit Schweden, das durch den Verlust Finnlands und der Ostseeinseln ganz von den Russen abhängig wurde. Schließlich verletzt er die ersten Grundlagen der allgemeinen Politik und unterlässt es in seiner allmächtigen Position, für die Wiedergeburt eines unabhängigen Polen zu sorgen, und damit liefert er Konstantinopel aus und bringt ganz Europa in Gefahr.

Ich möchte nichts über den abscheulichen Widersinn sagen, den ein Minister, der Vertreter einer beispielhaft freien Nation, begeht, wenn er Italien wieder unters Joch zwingt, Spanien darin festhält und mit allen Kräften dazu beiträgt, den ganzen Kontinent in Ketten zu legen. Sollte er denn meinen, dass die Freiheit nur für die Engländer gelte und dass der Kontinent nicht für sie geschaffen sei?

Doch selbst in diesem Fall würde er sich seinen eigenen Landsleuten gegenüber, denen er jeden Tag einige ihrer Rechte entzieht, im Unrecht befinden; dabei geht es um die leichtfertige Suspendierung des Habeas Corpus Act, die Aliens Bill[24], die etwas schwer Glaubhaftes bestimmt: dass die Frau eines Engländers, falls sie Ausländerin ist, aus England vertrieben werden kann, wenn es der Minister für richtig hält; dieses Gesetz sorgt für die maßlose Verbreitung des Spitzelunwesens und Denunziantentums, es geht um Lockspitzel, eine Ausgeburt der Hölle, mit deren Hilfe man stets sicher ist, Schuldige zu finden und die Zahl der Opfer zu vervielfachen; das ist kalte Gewalt, ein eisernes Joch, das er auf ausländischen Verbindungen lasten lässt. Ist das der Minister eines großen freien Volks, der den Auftrag hat, ausländischen Nationen Respekt einzuflößen? Nein, es geht um das Verlangen der Könige des Kontinents, auf deren Betreiben seine Landsleute an die Sklaverei gewöhnt werden sollen. Er ist das Kettenglied, der Leiter, mit dessen Hilfe die Schätze Großbritanniens zum Kontinent abfließen und alle verderblichen Lehren von draußen nach England eingeführt werden. Anscheinend tritt er als Anhänger und unterwürfiger Teilhaber eines allgemeinen Bündnisses auf, dieser mysteriösen Heiligen Allianz, deren Sinn und Ziel ich von hier aus nicht zu erraten vermag, die nichts Nützliches vorweisen kann und auch nichts Gutes vorausahnen lässt. Ob sie etwa gegen die Türken gerichtet ist? Dann aber müssten sich ihr die Engländer entgegenstellen. Soll mit ihr tatsächlich ein allgemeiner Frieden aufrechterhalten werden? So etwas ist allerdings ein Hirngespinst, von dem sich die diplomatischen Kabinette nicht täuschen lassen dürften. Es kann nur Bündnisse aus Opposition und als Gegengewichte geben. Man kann nicht insgesamt miteinander verbündet sein;

das bedeutet dann nichts mehr. Ich würde diese Allianz nur als Bündnis der Könige gegen die Völker verstehen, und was hat dann Castlereagh damit zu tun? Könnte und müsste er es nicht eines Tages teuer bezahlen, wenn es sich so verhielte? Ich hatte diesen Lord Castlereagh in meiner Macht: Er war damit beschäftigt, in Châtillon zu intrigieren, als wir einen zeitweiligen Erfolg errangen und meine Truppen den Kongress überflügelten, der eingeschlossen wurde. Der englische Premierminister hatte keine öffentliche Legitimation und stand außerhalb des Völkerrechts: Das spürte er, und er zeigte schrecklichste Angst, weil er sich damit in meiner Hand befand. Ich ließ ihm sagen, dass er sich beruhigen solle und dass er frei sei: Das tat ich für mich, nicht für ihn, denn von ihm erwartete ich gewiss nichts Gutes. Einige Zeit später äußerte sich seine Dankbarkeit jedoch auf eine ganz besondere Weise: Als er sah, dass ich für mich die Insel Elba auswählte, ließ er mir England als Asylland vorschlagen; er bediente sich nun seiner Beredsamkeit und seines Scharfsinns, um mich zu diesem Entschluss zu bewegen; doch heute habe ich das Recht, die Angebote eines Castlereagh für verdächtig zu halten; und es besteht kein Zweifel, dass er dabei schon an die entsetzliche Behandlung dachte, der man mich in diesem Augenblick unterwirft.

Es ist ein großes Unglück für das englische Volk, dass sein leitender Minister mit den Herrschern des Kontinents persönlich verhandelt hat; dies bedeutet eine Verletzung des Geistes seiner Verfassung. Das stolze England hat damals nur auf seinen Vertreter geachtet, der dort Gesetze diktierte; doch heute hat es Grund, zu bereuen, weil ihm die Ereignisse beweisen, dass ganz im Gegenteil nur Komplikationen, Übelstände und Verluste festgelegt wurden.

Es ist tatsächlich sicher, dass Lord Castlereagh alles hätte erreichen können, doch mag es nun aus Verblendung, Unfähigkeit oder Treulosigkeit geschehen sein, jedenfalls hat er alles geopfert. Da er beim Bankett der Könige saß, hat er sich offenbar geschämt, den Frieden als Kaufmann zu diktieren, und ist auf den Gedanken verfallen, über ihn als Herr zu verhandeln. Sein Stolz hat dabei gewonnen; und man darf glauben, dass seine Interessen dabei nichts verloren haben; nur sein Land hat darunter gelitten, und es wird spürbar und lange darunter leiden.

Die Verschuldung ist der Wurm, der England zernagt, sie ist die Kette all seiner Schwierigkeiten, denn sie zwingt zu ungeheuer hohen Steuern; diese treiben die Lebensmittelpreise in die Höhe; dies stößt nun das Volk ins Elend, macht die Arbeit und die gewerblichen Erzeugnisse teuer, die auf den Märkten Europas nicht mehr die gleiche Vorzugsstellung genießen. England muss deshalb dieses unersättliche Ungeheuer um jeden Preis bekämpfen, es muss von allen Seiten gleichzeitig zum Angriff übergehen und es durch negative und positive Maßnahmen zusammen vernichten, das heißt durch die Einschränkung seiner Ausgaben und die Erhöhung seines Kapitals. Kann es nicht die Zinsen seiner Schulden, die hohen Löhne, die Sinekuren und die Ausgaben für das Heer beschränken, ganz auf das Heer verzichten und sich auf die Flotte verlassen? Schließlich könnte man noch vieles hinzufügen, was ich nicht kenne und nicht nachprüfen kann.

Was die Erhöhung seines Kapitals betrifft: Kann es sich nicht durch alle Kirchengüter bereichern, die unermesslich groß sind und die es durch eine heilsame Reform sowie beim Aussterben der Rechtsinhaber erwerben würde, was niemanden kränken könnte?

Doch sobald man ein Wort in diesem Sinne äußert, wird die ganze Aristokratie zu den Waffen greifen und einen Feldzug eröffnen, und sie wird sich durchsetzen, denn sie regiert ja in England, und man regiert für sie. Sie wird sich ihres üblichen Arguments bedienen: Wenn man die alten Grundlagen auch nur im Geringsten antaste, werde das Ganze zusammenbrechen. Die Massen sprechen diese Behauptung bereitwillig nach, und jede Reform gerät ins Stocken, während alle Missstände bestehen bleiben, wachsen und sich rasch vermehren.

Man sagt zutreffend, dass die englische Verfassung zwar aus widerwärtigen, veralteten und schändlichen Einzelheiten besteht und trotzdem auf einzigartige Weise als ein glückliches und schönes Resultat erscheint, und dieses Resultat und all seine Vorteile binden die Menge an sich, die fürchtet, sie zu verlieren. Aber führt denn das verwerfliche Wesen der Einzelheiten zu einem solchen Resultat? Nein, im Gegenteil: Damit wird es beeinträchtigt, und es würde einen viel stärkeren Glanz erhalten, wenn man die große und schöne Maschine von derartigen Vorstellungen befreite, die ihren Lauf stören.

(Auf Sankt Helena.)

Sir Thomas Lawrence, Klemens Wenzel von Metternich, ca. 1820/25

Klemens Wenzel von Metternich
Napoleon Bonaparte

Unter den Menschen, die sich diesem außergewöhnlichen Mann gegenüber in einer unabhängigen Lage befanden, haben wenige so zahlreiche Kontakte und so direkte Beziehungen mit ihm gehabt wie ich.

Meine Meinung über Napoleon hat sich in den verschiedenen Phasen dieser Beziehungen nicht geändert. Ich habe ihn in den Augenblicken seines größten Glanzes gesehen und studiert; ich habe ihn in seinen Niederlagen erlebt und verfolgt, und was immer er unternahm, um mich über seine Person zu täuschen, woran er bei vielen Gelegenheiten ein großes Interesse hatte, es ist ihm nicht gelungen. Ich kann mir also schmeicheln, die wesentlichen Züge seines Charakters erfasst und ihn unparteiisch beurteilt zu haben, während noch die überwältigende Mehrheit der Zeitgenossen nur ein verzerrtes Bild von den bestechenden wie auch den mangelhaften oder verhängnisvollen Seiten eines Mannes besitzt, den die Gewalt der Ereignisse, im Verein mit seinen überragenden persönlichen Qualitäten, auf den Gipfel einer Macht getragen hat, die in der modernen Geschichte ohne Beispiel ist.

Er verwandte seltenen Scharfsinn und unermüdliche Beharrlichkeit darauf, in seinen Besitz zu bringen, was das Geschehen eines halben Jahrhunderts zu seinen Gunsten vorbereitet zu haben schien. Er war beseelt von einem ebenso regen wie hellsichtigen Herrschaftswillen; er verstand es, alle Möglichkeiten abzuschätzen, die die augenblicklichen Umstände seinem Ehrgeiz boten, und mit bemerkenswertem Geschick die Fehler und Schwächen anderer zu seinem Vorteil zu wenden. So ist Bonaparte als einziger übriggeblieben auf einem Schlachtfeld, das blinde Leidenschaften und erbitterte oder besinnungslose Kampfparteien sich ein Jahrzehnt hindurch gegenseitig streitig gemacht hatten. Indem er schließlich die gesamte Revolution für sich in Beschlag nahm, erschien er mir von da an als der Angelpunkt, auf den sich die Aufmerksamkeit des Beobachters konzentrieren musste, und meine Ernennung zum Gesandten in Frankreich bot mir in dieser Hinsicht besonders gute Gelegenheiten, die nicht zu versäumen ich Sorge trug.

Das Urteil wird oft von den ersten Eindrücken beeinflusst. Ich hatte Napoleon nie gesehen, bis zu der Audienz in Saint-Cloud, bei der ich ihm mein Beglaubigungsschreiben überreichte. Ich traf ihn in einem der Empfangszimmer; er stand in der Mitte des Raumes, aufrecht, bei ihm waren der Minister für Auswärtige Angelegenheiten und sechs andere Persönlichkeiten seines Hofes. Er trug die Uniform der Gardeinfanterie und hatte den Hut auf. Diesen Umstand, unschicklich in jeder Hinsicht, denn die Audienz war nicht öffentlich, empfand ich als unangebrachte, den Emporkömmling verratende Anmaßung. Sie ließ mich einen Augenblick schwanken, ob ich mich nicht meinerseits bedecken sollte. Ich trug indes eine kurze Ansprache vor, die sich durch ihren knappen und präzisen Text deutlich von denen unterschied, die am neuen französischen Hof üblich geworden waren.

Sein Verhalten damals schien mir Verlegenheit und sogar Verwirrung auszudrücken. Seine kleine und gedrungene Gestalt, seine nachlässige Haltung und gleichwohl das sichtliche Bestreben, imposant zu wirken, schmälert vollends das Gefühl von Größe, das man natürlicherweise mit der Vorstellung des Mannes verband, der die Welt erzittern ließ. Dieser Eindruck ist nie vollständig aus meinem Geist gewichen. Er blieb mir gegenwärtig bei den wichtigsten Zusammenkünften, die ich mit Napoleon hatte, in den verschiedenen Abschnitten seiner Laufbahn. Es kann sein, dass er dazu beigetragen hat, mir den Menschen zu zeigen, wie er war, durch all die Masken, hinter denen er sich zu verbergen wusste. Ich gewöhnte mich daran, in seinen Launen, seinen Wutanfällen, seinen brüsken Aufforderungen zur Stellungnahme jedes Mal eine vorbereitete Szene zu sehen, die einstudiert und auf die Wirkung berechnet war, die er auf seinen Gesprächspartner ausüben wollte.

Was mich in meinen Begegnungen mit Napoleon, auf deren Häufigkeit und vertraulichen Charakter ich von meinem Amtsantritt an bedacht war, was mich also zunächst am meisten beeindruckte, waren die außerordentliche Umsicht und die große Einfachheit seiner Gedankengänge. Die Gespräche mit ihm besaßen für mich stets einen schwer zu bestimmenden Reiz. Er erfasste die Dinge an ihrem wesentlichen Punkt, löste alles unnötige Beiwerk von ihnen, entwickelte seine Auffassung und ließ nicht eher locker, als bis er sie klar und schlüssig herausgearbeitet hatte, wobei er immer die passenden Worte fand oder auch erfand, wenn der Sprachgebrauch sie nicht geschaffen hatte, sodass die Unterhaltungen mit ihm höchst interessant waren. Er plauderte nicht, er sprach. Auf Grund der Fülle seiner Ideen und einer hohen Beredsamkeit konnte er geschickt das Gespräch an sich reißen und eine seiner üblichen Wendungen war, seinem Partner zu sagen: »Ich sehe, was Sie wollen; Sie möchten auf ein bestimmtes Ziel hinaus, also gut, kommen wir zur Sache.«

Er hörte jedoch nicht weniger genau auf die Bemerkungen und Einwände, die man ihm vortrug; er nahm sie auf, erörterte sie oder wies sie zurück, ohne Ton oder Stil einer sachlichen Unterredung zu verlassen, und nie habe ich die geringste Verlegenheit empfunden, ihm das zu sagen, was ich für die Wahrheit hielt, selbst wenn sie nicht dazu angetan war, ihm zu gefallen.

So wie in seinen Auffassungen alles klar und präzise war, kannte er weder Schwierigkeiten noch Zweifel, wenn gehandelt werden musste. Durch hergebrachte Regeln ließ er sich kaum beeinträchtigen. In der Praxis wie im Gespräch ging er auf sein Ziel zu, ohne sich bei Rücksichten aufzuhalten, die er für zweitrangig erachtete und deren Wirklichkeit er vielleicht allzu oft unterschätzt hat. Um zu der Sache zu gelangen, die er im Blick hatte, wählte er mit Vorliebe den direktesten Weg und verfolgte ihn bis ans Ende, sofern nichts ihn dazu anhielt, sich von seiner Linie zu entfernen; aber er konnte seine Pläne, weil er nicht ihr Sklave war, auch aufgeben oder abändern, von dem Augenblick an, da sein Standpunkt sich wandelte oder neue Konstellationen ihm Mittel an die Hand gaben, sein Ziel wirksamer anders zu erreichen.

Er besaß wenig wissenschaftliche Kenntnisse. Seine Anhänger haben insbesondere an der Festigung des Rufes gearbeitet, dass er ein profunder Mathematiker gewesen sei. Was er von Mathematik verstand, hätte ihn nicht über irgendeinen anderen Offizier erhoben, der wie er an den Waffen der Artillerie ausgebildet war, jedoch kamen seine natürlichen Fähigkeiten dem Wissen zur Hilfe. Er ist Gesetzgeber, Verwalter und großer Feldherr geworden allein infolge seines Gespürs. Seine Geistesart lenkte ihn immer zum Faktischen; er lehnte vage Ideen ab, desgleichen verabscheute er die Träumereien der Visionäre und die Abstraktionen der Ideologen und behandelte als hohles Geschwätz all das, was ihm keine klaren Ansichten und keine nützlichen Ergebnisse bot. Den Rang der Wissenschaftlichkeit billigte er eigentlich nur den Erkenntnissen zu, die mit Hilfe der Sinne überprüft und bestätigt werden können, die sich also auf Beobachtungen und Erfahrungen stützen. Er hegte tiefe Verachtung für die falsche Philosophie und die falsche Philanthropie des 18. Jahrhunderts. Unter dessen Koryphäen war es vor allem Voltaire, dem seine Abneigung galt, und er trieb dieses Gefühl auf die Spitze, indem er bei jeder Gelegenheit sogar die allgemeine Meinung über seine literarischen Verdienste bekämpfte.

Napoleon war nicht irreligiös im gewöhnlichen Sinne des Wortes. Er ließ nicht gelten, dass es jemals einen aufrichtigen Atheisten gegeben habe; den Deismus verurteilte er als Ergebnis verwegener Spekulation. Als Christ und Katholik erkannte er nur der positiven Religion das Recht zu, die Gesellschaft zu beherrschen. Das Christentum betrachtete er als Grundlage jeder wahren Zivilisation, den Katholizismus als den geeignetsten Glaubenskult, um im sittlichen Bereich Ordnung und Ruhe aufrechtzuerhalten, den Protestantismus als eine Quelle von Unruhen und Spaltungen. Obwohl selbst gleichgültig gegenüber religiösen Handlungen, achtete er sie zu sehr, um sich jemals Scherze über die zu erlauben, die sie ausübten. Es ist möglich, dass bei ihm die Religion weniger eine Angelegenheit des Gefühls als der politischen Vernunft war; aber welches Geheimnis auch immer seine Seele in dieser Hinsicht barg, er war darauf bedacht, es nicht preiszugeben. Seine Ansichten über die Menschen flossen in einer Vorstellung zusammen, die unglücklicherweise für ihn die Macht eines Axioms erlangt hatte. Er war überzeugt davon, dass kein Mensch, der auf den Schauplatz der Öffentlichkeit gerufen oder auch nur in einen tätigen Vollzug des Lebens eingespannt war, aus einem anderen Antrieb handelte, noch handeln konnte, als dem des Interesses. Er stellte Anstand und Ehrgefühl nicht in Abrede, doch er behauptete, dass sie stets nur denen als Richtschnur gedient hätten, die er zu Träumern erklärte und denen er deshalb jede Eignung absprach, sich erfolgreich an den gesellschaftlichen Angelegenheiten zu beteiligen. Ich habe viel Zeit damit zugebracht, mit ihm über diese These zu diskutieren, die ich aus Überzeugung zurückwies und deren Verkehrtheit, zumindest in solch breiter Anwendung, ich ihm zu beweisen versuchte. Es ist mir nie gelungen, ihn an diesem Punkt unsicher zu machen.*

Er war mit einem besonderen Instinkt begabt, die Menschen herauszufinden, die ihm nützlich sein konnten. Er entdeckte an ihnen recht rasch die Stelle, aus der er den

*) Was hier über die wenig löblichen Motive gesagt wird, die Napoleon allen menschlichen Handlungen unterstellte, erinnert an Montaignes Urteil über den berühmten italienischen Historiker Guicciardini. Der folgende Passus ließe sich Wort für Wort auf Napoleon übertragen: »Mir ist aufgefallen, dass unter so vielen Regungen und Ratschlägen nichts ist, was er mit Tugend, Religion und Gewissen in Verbindung bringt, als wären diese Seiten völlig aus dem Leben verschwunden; und bei allen Handlungen, so schön sie von sich aus erscheinen mögen, führt er den Beweggrund auf irgendeine unlautere Gelegenheit oder irgendeinen Vorteil zurück. Man kann sich unmöglich vorstellen, dass es in der unendlichen Anzahl von Handlungen, über die er urteilt, nicht eine einzige gegeben haben soll, die auf dem Wege der Vernunft zustande gekommen ist; keine Sittenverderbnis kann die Menschen so allgemein erfasst haben, dass nicht irgendeiner ihrer Ansteckung entronnen wäre. Daher fürchte ich, dass er einen gewissen Geschmack am Laster fand und es vorgekommen sein mag, dass er von sich auf andere schloss.« (Essays, I.II., Kap. 10) Ich glaube irgendwo gelesen zu haben, dass Napoleon viel von Guicciardini hielt. Fest steht, dass er ein aufrichtiger Bewunderer Machiavellis war. Indes gibt es zwischen Guicciardini und Machiavelli, obgleich beide echte Künstler ihrer Zeit waren, den beträchtlichen Unterschied, dass der eine sich damit begnügte, die generelle Verderbtheit seiner Zeitgenossen in den abstoßenden Farben der Wahrheit zu schildern, ohne dass er ihr Beifall zu spenden schien, während der andere ihr eifrigster und schamlosester Lobredner gewesen ist; was immer man unternommen hat, um Machiavelli von diesem Vorwurf freizusprechen, es ist nichts als ein Gespinst übler Spitzfindigkeiten dabei herausgekommen. Er war ein Mann seiner Zeit, aber das ist auch alles, was sich zu seiner Entschuldigung sagen lässt.

größten Vorteil ziehen würde. Weil er jedoch nie vergaß, das Pfand ihrer Treue in ihrem berechnenden Interesse zu suchen, war er darauf bedacht, sie an sein eigenes Geschick zu binden, indem er sie dermaßen kompromittierte, dass ihnen jede Rückkehr zu anderen Verpflichtungen abgeschnitten war. Er hatte vor allem den Nationalcharakter der Franzosen studiert, und seine Lebensgeschichte zeigt, dass er ihn gut erfasst hat. Er betrachtete namentlich die Pariser als Kinder, und oft verglich er Paris mit der großen Oper. Als ich ihm eines Tages die handgreiflichen Unrichtigkeiten vorhielt, von denen die meisten seiner Bulletins wimmelten, lachte er und sagte: »Ich schreibe das doch nicht für Sie. Die Pariser glauben alles, und ich könnte ihnen noch ganz andere Dinge erzählen, ohne dass sie sich weigern würden, sie anzunehmen.« Oft kam es vor, dass er sich in seinen Gesprächen auf historische Erörterungen einließ. Diese verrieten für gewöhnlich eine ungenaue Sachkenntnis, dafür aber äußersten Scharfsinn bei der Einschätzung von Ursachen und der Voraussicht von Folgen. Dergestalt erriet er mehr, als er wusste. Und obgleich er Personen und Ereignissen die Färbung seines eigenen Geistes verlieh, erklärte er sie auf ingeniöse Weise. Da er sich immer derselben Zitate bediente, musste er die hervorstechendsten Punkte der antiken Geschichte und der Geschichte Frankreichs aus einer kleinen Anzahl von Büchern und besonders aus gekürzten Fassungen geschöpft haben. Gleichwohl bewahrte er in seinem Gedächtnis eine ziemlich reiche Sammlung von Namen und Fakten, um damit denen zu imponieren, deren Wissen noch weniger solide war als seines. Seine Helden waren Alexander, Cäsar und besonders Karl der Große. Der Anspruch, tatsächlich und von Rechts wegen dessen Nachfolger zu sein, beschäftigte ihn auf eigentümliche Weise. Ich habe miterlebt, wie er sich in endlosen Diskussionen verlor, um diesen seltsamen Widersinn mit den dürftigsten Argumenten zu verteidigen. Es war offensichtlich meine Eigenschaft als österreichischer Gesandter, die mir sein hartnäckiges Bestehen auf diesem Kapitel eintrug.

Eines der Dinge, die er am lebhaftesten und beständigsten bedauerte, war, dass er sich nicht auf das Prinzip der Rechtmäßigkeit als Grundlage seiner Macht berufen konnte. Wenige Menschen haben tiefer als er empfunden, wie ungesichert und zerbrechlich eine Autorität ist, der dieses Fundament fehlt, und wie sehr sie sich damit Angriffen aussetzt. Jedenfalls versäumte er keine Gelegenheit, um in meiner Gegenwart eifrig gegen diejenigen zu protestieren, die sich etwa einbildeten, er habe den Thron als Usurpator eingenommen. »Der französische Thron«, sagte er mehr als einmal zu mir, »war frei. Ludwig XVI. hat sich nicht auf ihm zu halten vermocht. Wäre ich an seiner Stelle gewesen, wäre die Revolution, trotz der gewaltigen Fortschritte, die sie unter den vorangegangenen Regierungen in den Köpfen gemacht hatte, niemals vollendet worden. Nach dem Sturz des Königs hat sich die Republik des französischen Bodens bemächtigt; sie ist es, die ich abgesetzt habe. Der alte Thron war unter seinen Trümmern begraben; ich musste einen neuen begründen. Die Bourbonen würden es nicht verstehen, über diese Schöpfung zu herrschen; meine Stärke besteht in meinem Erfolg; ich bin so neu wie das Reich, zwischen ihm und mir besteht also eine vollkommene Einheit.«

Ich habe indes oft gedacht, dass Napoleon, wenn er sich auf diese Weise äußerte, nur versuchte, sich selbst zu täuschen oder die öffentliche Meinung irrezuführen, und der direkte Schritt, den er 1804 bei Ludwig XVIII. unternahm, scheint meinen Verdacht zu bestätigen. Als er eines Tages über diesen Schritt sprach, sagte er zu mir: »Die Antwort von Monsieur war nobel, sie war erfüllt von starker Tradition. Bei diesen legitimen Thronfolgern gibt es etwas, das nicht allein mit der Vernunft zu tun hat. Hätte Monsieur nur seinen Verstand zu Rate gezogen, hätte er sich mit mir arrangiert, und ich hätte ihm ein glänzendes Los bereitet.«

Er war desgleichen stark beeindruckt von dem Gedanken, die oberste Gewalt auf göttlichen Ursprung zurückzuführen. Eines Tages, kurz nach seiner Heirat mit der Erzherzogin, sagte er in Compiègne zu mir: »Ich sehe, dass die Kaiserin, wenn sie an ihren Vater schreibt, auf die Adresse setzt: An Seine Geheiligte Kaiserliche Majestät. Ist dieser Titel bei Ihnen gebräuchlich?« Ich antwortete ihm, dass er es sei, wegen der Tradition des ehemaligen Reichs Deutscher Nation, das den Namen Heiliges Reich trug, und gleichfalls, weil er an die apostolische Krone von Ungarn geknüpft sei. Darauf entgegnete Napoleon in feierlichem Ton: »Das ist ein schöner und sinnvoller Brauch. Die Macht kommt von Gott, allein dadurch kann sie menschlichem Zugriff enthoben sein. In einiger Zeit werde auch ich diesen Titel annehmen.«

Er legte großen Wert auf seine adlige Abstammung und das Alter seiner Familie. Mehr als einmal ließ er es sich angelegen sein, mir zu beweisen, dass nur Neid und üble Nachrede seinen Adel verunglimpft hätten. »Ich befinde mich«, sagte er, »in einer sonderbaren Lage. Ich finde Genealogen, die mein Geschlecht bis zur Sintflut zurückführen möchten, und es gibt Parteien, die behaupten, ich würde aus bürgerlichem Stande stammen. Die Wahrheit liegt zwischen beidem. Die Bonapartes sind gute korsische Edelleute, nicht gerade berühmt, weil wir unsere Insel nur selten verlassen haben, doch weitaus besser als viele der Gecken, die es sich einfallen lassen, uns herabzusetzen.«

Napoleon betrachtete sich als ein auf dieser Welt einsames Wesen, dazu bestimmt, über sie zu herrschen und die Geister nach seinem Belieben zu lenken. Seine Achtung vor den Menschen unterschied sich nicht von der, die ein Unternehmer seinen Arbeitern gegenüber haben mag.* Einer von denen, die ihm scheinbar am nächsten standen, war Du-

*) Marschall Lannes wurde in der Schlacht bei Aspern tödlich verwundet. Die Bulletins der französischen Armee verbreiteten die Worte, die er zuletzt ausgesprochen haben soll. Und dies hat mir Napoleon selbst gesagt: »Sie haben den Satz gelesen, den ich Lannes in den Mund gelegt habe — er selbst dachte ja nicht daran! Als der Marschall meinen Namen nannte, kam man, um es mir mitzuteilen, und ich habe ihn auf der Stelle für tot erklärt. Lannes verabscheute mich von Herzen. Er rief meinen Namen, wie die Atheisten den Namen Gottes ausrufen, wenn ihre letzte Stunde gekommen ist. Da Lannes meinen Namen rief, musste ich ihn für endgültig verloren halten.« [»Chez Lannes, le courage l'emportait d'abord sur l'esprit; mais l'esprit montait chaque jour pour se mettre en équilibre; je l'avais pris pygmée, je l'ai perdu géant.« (Bei Lannes war der Mut größer als der Intellekt; aber der Intellekt wuchs jeden Tag, um sich dem Mut anzugleichen; ich traf einen Zwerg, aber ich verlor einen Riesen.)]

roc. »Er liebt mich, wie ein Hund seinen Herrn liebt.« Diesen Ausdruck gebrauchte er, als er mit mir von ihm sprach. Er verglich das Gefühl, das Berthier für ihn hegte, mit dem eines Kindermädchens. Diese Vergleiche waren mit seiner Theorie von den Beweggründen menschlichen Handelns keineswegs unvereinbar, vielmehr eine ihrer natürlichen Konsequenzen; wo er Gefühlen begegnete, auf die er seine Berechnung des bloßen Interesses nicht anwenden konnte, suchte er deren Ursprung in einer Art von Instinkt.

Man hat viel über Napoleons Aberglauben und fast ebensoviel über seinen Mangel an persönlichem Schneid gesprochen. Die eine wie die andere Anschuldigung beruhte entweder auf falschen Begriffen oder verkehrten Eindrücken. Napoleon glaubte an das Glück, und wer hat es mehr auf die Probe gestellt, als er? Er liebt es, seinen guten Stern zu rühmen; es lag allzu nahe, dass der gemeine Verstand sich nicht sträubte, ihn für ein auserlesenes Wesen zu halten, er selbst aber täuschte sich nicht über sich, mehr noch, er war keineswegs darauf bedacht, Fortuna einen allzu großen Anteil an seinem Aufstieg einzuräumen. Ich habe ihn öfters sagen hören: »Man nennt mich glücklich, weil ich tüchtig bin; die Schwachen sind es, die die Starken beschuldigen, Glück zu haben.«

Ich will hier von einer Begebenheit berichten, die beweist, bis zu welchem Grade er seiner seelischen Stärke vertraute und sich über die Unglücksfälle dieses Lebens erhaben fühlte. Er gefiel sich darin, in Fragen der Medizin und Physiologie (Gegenstände, die er mit einer gewissen Vorliebe abhandelte) paradoxe Ansichten zu vertreten; so behauptete er, dass der Tod häufig nur die Auswirkung mangelnder Willenskraft der Individuen sei. Eines Tages war er in Saint-Cloud gefährlich gestürzt (er wurde aus einer Kutsche an einen Prellstein geschleudert, der ihm beinah den Magen eingedrückt hätte)*; tags darauf, als ich mich nach seinem Befinden erkundigte, antwortete er mit großem Ernst: »Gestern habe ich meine Erfahrungen mit der Willenskraft vervollständigt; als der Schlag meinen Magen traf, fühlte ich das Leben aus mir weichen; ich hatte gerade noch Zeit, mir zu sagen, dass ich nicht sterben wollte — und ich lebe! Jeder andere an meiner Stelle wäre jetzt tot.« Wenn man dies Aberglauben nennen will, muss man wenigstens zugeben, dass er von ganz anderer Art war als der, den man ihm nachgesagt hat.

Ebenso verhielt es sich mit seinem Mut. Er hing stark am Leben, aber weil unendlich viele Schicksale von dem seinen abhingen, durfte er darin zweifellos etwas anderes sehen als die armselige Existenz eines Einzelnen. Er fühlte sich also nicht berufen, »Cäsar und sein Glück« aufs Spiel zu setzen, nur um Mut zu beweisen. Andere große Feldherren haben gedacht und gehandelt wie er. Wenn ihm jener Ansporn fehlte, der den Wagehals ausmacht, war das gewiss kein Grund, ihn der Feigheit zu bezichtigen, wie es seine

*) Ich bin nahe daran zu glauben, dass dieser Unfall dazu beigetragen hat, die Krankheit keimen zu lassen, der Napoleon auf Sankt Helena erlag, und mich überrascht es, dass noch niemand darauf aufmerksam gemacht hat. Es stimmt allerdings, dass er mir gegenüber mehrmals diese Krankheit als in seiner Familie erblich bezeichnet hat.

Feinde unverzüglich taten. Die Geschichte seiner Feldzüge hat zur Genüge bewiesen, dass er immer, ob unter Gefahren oder nicht, auf dem Posten blieb, der dem Führer einer großen Armee zukam.

Im Privatleben war er, ohne je von liebenswürdigem Umgang zu sein, konziliant und trieb seine Nachsicht oftmals gar bis zur Schwäche. Als guter Sohn und guter Verwandter, mit jenen Schattierungen, die man besonders innerhalb italienischer Bürgerfamilien antrifft, litt er unter der Zügellosigkeit einiger seiner Angehörigen, ohne genügend Willensstärke zu entfalten, um ihrem Treiben Einhalt zu gebieten. Namentlich seine Schwestern erhielten von ihm, was sie nur wollten. Keine seiner beiden Gemahlinnen brauchte sich je über sein persönliches Verhalten zu beklagen. Obgleich die Tatsache hinlänglich bestätigt ist, mag ein Ausspruch der Erzherzogin Marie-Luise sie in neuem Lichte zeigen. »Ich bin sicher«, sagte sie mir einige Zeit nach ihrer Heirat, »dass man sich in Wien viel mit mir beschäftigt und dort allgemein angenommen wird, dass ich Tag für Tag Ängste auszustehen habe. Es ist nun einmal so, dass die Wahrheit oft nicht wahrscheinlich ist. Ich fürchte mich nicht vor Napoleon, aber allmählich glaube ich, er fürchtet mich.«

War er im privaten Umgang nicht schwierig und häufig sogar entgegenkommend, zeigte er sich in der vornehmen Welt kaum zu seinem Vorteil. Man kann sich schwerlich ein unbeholfeneres Verhalten vorstellen als das Napoleons in einem Salon. Die Mühe, die er sich gab, um die Mängel seines Äußeren und seiner Erziehung wettzumachen, ließ nur umso deutlicher hervortreten, woran es ihm fehlte. Ich bin überzeugt, dass er große Opfer gebracht hätte, um seine Gestalt zu vergrößern und seine Erscheinung zu adeln, die in dem Maße, wie seine Beleibtheit zunahm, gewöhnlicher wurde. Mit Vorliebe ging er auf den Fußspitzen; er hatte Bewegungen angenommen, die den Bourbonen nachgeahmt waren. Seine Kleidung war so zusammengestellt, dass sie von der seiner Umgebung abstechen musste, sei es durch äußerste Schlichtheit oder extremen Prunk. Es ist sicher, dass er Talma kommen ließ, um mit ihm Posen einzustudieren. Diesen Schauspieler protegierte er stark, und seine Zuneigung rührte größtenteils von der Ähnlichkeit her, die es tatsächlich zwischen ihnen gab. Er mochte es, Talma auf der Bühne zu sehen, man konnte meinen, dass er sich in ihm wiederentdeckte. Niemals hat man aus seinem Munde eine anmutige oder auch nur wohlgesetzte Bemerkung einer Frau gegenüber vernommen, obgleich sich das Bemühen darum in seinem Gesichtsausdruck und dem Klang seiner Stimme niederschlug. Mit den Damen sprach er nur von ihrer Garderobe, zu deren peniblem und strengem Richter er sich erklärte, oder auch über die Anzahl ihrer Kinder, und eine seiner gewohnten Fragen war, ob sie diese selbst genährt hätten, wobei er ihnen die Frage für gewöhnlich in den in guter Gesellschaft am wenigsten üblichen Ausdrücken stellte. Er verfiel auch bisweilen darauf, mit ihnen eine Art Verhör über heimliche Beziehungen in der Gesellschaft anzustellen, was diesen Unterhaltungen eher den Charakter unangebrachter Vernehmungen – zumindest was die Wahl des Ortes und der Formen betraf – als das Gepräge höflicher Konversation im Salon verlieh. Dieser Mangel an Umgangsformen trug ihm mehr als einmal prompte Entgegnungen ein, die er nicht mit Geschick zu parieren verstand. Seine Abneigung gegen Frauen, die sich in Politik oder Verwaltung einmischten, steigerte sich bis zum Hass.*

Um diesen ungewöhnlichen Mann zu beurteilen, muss man ihm auf den großen Schauplatz folgen, für den er bestimmt war. Das Schicksal hatte zweifellos viel für Napoleon getan, aber den hohen Rang, den es ihm zugedacht hatte, erreichte er durch die Stärke seines Charakters, seinen regen und hellsichtigen Verstand, seine geniale Begabung für die großen Strategien militärischer Kunst. Weil er nur eine leidenschaftliche Liebe kannte, die zur Macht, verschwendete er weder seine Zeit noch seine Mittel an Dinge,

*) Madame de Staël wandte sich 1810 an mich, um durch meine Vermittlung von Napoleon die Erlaubnis zu erlangen, in Paris zu leben. Jedermann weiß, welchen außerordentlichen Wert dieser Gunsterweis für sie besaß, so kann ich es mir ersparen, die Motive dafür nochmals zu schildern. Ich hatte keinen Grund, dem Ersuchen von Madame de Staël ein besonderes Interesse entgegenzubringen, im Übrigen wusste ich, dass meine Fürsprache ihr wenig nützen würde. Gleichwohl bot sich eine Gelegenheit, bei der ich Napoleon die Bitte dieser berühmten Frau unterbreiten konnte. »Ich will keine Madame de Staël in Paris«, sagte er, »und ich habe gute Gründe dafür.« Ich antwortete, dass, wenn dem auch so sei, nicht weniger gewiss wäre, dass er der Frau durch die Art, in der er sie behandelte, zu einem Profil verhelfe, welches sie sonst nicht besäße. »Wenn Madame de Staël«, entgegnete Napoleon, »Royalistin oder Republikanerin sein wollte oder könnte, hätte ich nichts gegen sie; aber sie ist eine Windmaschine, die die Salons in Aufruhr versetzt. Nur in Frankreich ist eine solche Frau zu fürchten, deshalb will ich sie hier nicht haben.«

die ihn von seinem Ziel hätten abbringen können. Herr seiner selbst, herrschte er bald über Menschen und Ereignisse. In welcher Zeit er auch erschienen wäre, immer hätte er eine bestimmende Rolle gespielt. Doch die Epoche, in der er die ersten Schritte seiner Laufbahn tat, war besonders geeignet, seinen Aufstieg zu erleichtern. Umringt von Individuen, die in einer verfallenden Welt auf gut Glück losmarschierten, ohne klare Richtung und allen Arten von Ehrgeiz und Begehrlichkeit ausgeliefert, wusste er allein einen Plan zu fassen, an ihm festzuhalten und ihn bis zu Ende durchzuführen. Den, der ihn auf den Gipfel der Macht tragen sollte, entwarf er während seines zweiten Italienfeldzugs. »In meiner Jugend«, sagte er zu mir, »war ich aus Unwissenheit und Ehrgeiz Revolutionär. Als ich das Alter der Vernunft erreicht hatte, bin ich deren Rat und meinem Instinkt gefolgt und habe die Revolution vernichtet.«

Er war derart daran gewöhnt, sich als lebensnotwendig für das System zu betrachten, welches er geschaffen hatte, dass er schließlich nicht mehr begriff, wie die Welt ohne ihn weitergehen sollte. Ich bezweifle nicht im Geringsten, dass er während unserer Unterredung in Dresden im Jahre 1813 aus tiefster Seele und voller Überzeugung sprach, als er mir wörtlich sagte: »Ich werde vielleicht zugrunde gehen, aber in meinem Sturz werde ich die Throne und die Gesellschaft als Ganzes mitreißen.«

Die wunderbaren Erfolge, die er in Fülle erlebt hatte, machten ihn zweifellos schließlich blind; aber bis zum Feldzug von 1812, als er zum ersten Mal dem Gewicht der Illusionen erlag, hatte er die gründlich durchdachten Berechnungen, denen er so viele Triumphe verdankte, nie aus dem Blick verloren. Selbst nach dem Desaster von Moskau haben wir gesehen, wie er seine Existenz mit ebenso viel Kaltblütigkeit wie Energie verteidigte, und sein Feldzug von 1814 war unumstritten derjenige, in dem er, bei stark beschränkten Mitteln, das größte militärische Talent entfaltete. Ich habe nie zu denen gehört – und ihre Anzahl war beträchtlich –, die glaubten, dass er nach den Ereignissen von 1814 und 1815 versuchen würde, sich eine neue Karriere aufzubauen, indem er in die Rolle des Abenteurers absinken oder auf romaneske Projekte verfallen würde. Er glich einem großen Spieler: Die Erfolgsaussichten bei einer geringen Partie hätten ihn, statt ihm zu gefallen, mit tiefer Abscheu erfüllt.

Man hat häufig die Frage bewegt, ob Napoleon im Grunde seines Wesens gut oder schlecht war. Mir schien immer, dass diese Beiworte so, wie man sie gemeinhin versteht, auf einen Charakter wie den seinen nicht anwendbar waren. Unablässig mit einer einzigen Sache beschäftigt, Tag und Nacht darauf bedacht, das Staatsruder eines Reiches zu halten, das in seiner fortschreitenden Ausdehnung schließlich die Interessen eines großen Teils von Europa umspannte, ist er niemals zurückgeschreckt vor Verletzungen, die er zufügen konnte, ja nicht einmal vor der maßlosen Summe an menschlichem Leid, die von der Ausführung seiner Pläne nicht zu trennen war. Wie ein losgelassenes Gespann alles überrollt, was ihm im Wege steht, so dachte Napoleon nur daran, vorwärtszukommen. Er nahm keine Rücksicht auf die, die es nicht verstanden, auf der Hut zu sein; er war manchmal sogar versucht, sie der Dummheit zu bezichtigen.

Unempfindlich für alles, was sich außerhalb seiner Wegstrecke befand, kümmerte er sich weder im Guten noch im Bösen darum. Er konnte Unglück im bürgerlichen Leben bemitleiden, in der Politik ließ es ihn gleichgültig.

Dasselbe galt für die Mittel, deren er sich bediente. Selbstlose Großzügigkeit war seiner Seele fremd. Gunst und Wohltaten verteilte er nur nach dem Wert, den er der Nützlichkeit ihrer Empfänger beimaß. Er nahm alle Dienste entgegen, ohne die Beweggründe, die Anschauungen oder die Vorgeschichte derer, die sie ihm anboten, sorgsam zu prüfen, außer, um sie in dem allein ausschlaggebenden Kalkül seiner eigenen Interessen zu verwenden.

Napoleon hatte zwei Gesichter. Als Privatperson war er umgänglich und nachgiebig, ohne gut oder schlecht zu sein. In seiner Eigenschaft als Staatsmann ließ er keinerlei Gefühl zu; seine Entscheidungen traf er weder aus Zuneigung, noch aus Hass. Er vernichtete oder entfernte seine Feinde, ohne sich dabei nach etwas anderem zu richten als der Notwendigkeit oder dem Vorteil, sich ihrer zu entledigen. War dieses Ziel erreicht, vergaß er sie und verfolgte sie nicht weiter.

Man hat viele fruchtlose Versuche unternommen und viel Gelehrsamkeit umsonst verschwendet, um Napoleon mit diesem oder jenem seiner Vorläufer auf der Bahn der Eroberungen und politischen Umwälzungen zu vergleichen. Die Manie, Parallelen zu ziehen, hat dem Geschichtsbild wirklichen Schaden zugefügt; sie hat ein falsches Licht auf die markantesten Persönlichkeiten geworfen und oftmals den Gesichtspunkt, unter dem man sie betrachten muss, gänzlich entstellt. Es ist unmöglich, einen Menschen zu beurteilen, indem man ihn aus dem Rahmen löst, in den er gestellt war, oder von der Gesamtheit der Umstände absieht, die auf ihn eingewirkt haben. Selbst wenn es der Natur gefiele, zwei absolut ähnliche Individuen hervorzubringen, würde deren Entwicklung, zu Zeiten und in Situationen, die keinerlei Analogien zulassen, notwendigerweise die ursprüngliche Ähnlichkeit verwischen und den tölpelhaften Maler, der sie mit seinem Pinsel wiederherzustellen suchte, in Verwirrung stürzen. Der wahre Historiker, jener also, der die unendliche Vielfalt der Elemente berücksichtigt, die in die Komposition seiner Bilder eingehen müssten, dieser Historiker wird leichten Herzens den eitlen Vorsatz aufgeben, Napoleon zu vergleichen, sei es mit den Helden der Antike oder den barbarischen Eroberern des Mittelalters oder (abgesehen vom militärischen Talent) mit einem großen König des vergangenen Jahrhunderts oder einem Usurpator vom Schlage Cromwells. Keiner dieser gewagten Vergleiche könnte der Unterrichtung der Nachwelt mit neuen Einblicken dienen, vielmehr würden sie unweigerlich die historische Wahrheit verfälschen.

Das System der napoleonischen Eroberungen besaß übrigens einen ganz besonderen Charakter. Die Weltherrschaft, nach der er strebte, hatte nicht zum Ziel, die direkte Regierung über eine gewaltige Menge von Ländern in seiner Hand zu konzentrieren, sondern ein Zentrum der Vorherrschaft über die europäischen Staaten zu errichten, nach dem verzerrten und übertriebenen Vorbild des Reiches von Karl dem Großen. Wenn vom Augenblick diktierte Erwägungen ihn dieses System aufgeben ließen, wenn sie ihn dazu drängten, sich Gebiete anzueignen oder sie dem französischen Territorium einzuverleiben, Gebiete, an die er im eigenen wohlverstandenen Interesse nicht hätte rühren dürfen, dann haben diese Schritte der Festigung seiner Macht wesentlich geschadet und den großen Plan, der das Innerste seines Denkens erfüllte, bei Weitem nicht fortentwickelt, sondern dazu beigetragen, ihn umzustoßen und zu zerstören. Dieser Plan erstreckte sich auch auf die Kirche. Napoleon wollte den Sitz des Katholizismus nach Paris verlegen und den Papst von jedem weltlichen Interesse entbinden, indem er ihm die geistliche Oberherrschaft unter der Ägide des französischen Kaiserreichs zusicherte.

In seinen politischen und militärischen Überlegungen versäumte Napoleon nicht, die Schwächen und Fehler derjenigen, die er zu bekämpfen hatte, weitgehend in Rechnung zu stellen. Man muss zugeben, dass ihn eine lange Erfahrung nur allzu sehr ermächtigte, diesem Grundsatz zu folgen. Aber es ist auch gewiss, dass er ihn missbraucht hat und dass seine Gewohnheit, Fähigkeiten und Handlungsmöglichkeiten seiner Gegner gering zu schätzen, eine der Hauptursachen seines Sturzes gewesen ist. Das Bündnis von 1813 hat ihm den Todesstoß versetzt, denn er vermochte sich niemals davon zu überzeugen, dass eine Koalition imstande sei, die Einigkeit unter ihren Mitgliedern zu gewährleisten und dem Ziel ihres Handelns gemäß aufrechtzuerhalten.

Über die Frage, ob Napoleon tatsächlich den Titel eines großen Mannes verdient, ist die Meinung der Welt noch geteilt und wird es vielleicht immer bleiben. Doch kann man demjenigen, der, aus dem Nichts gekommen, zum Stärksten und Mächtigsten unter seinen Zeitgenossen geworden ist, große Eigenschaften unmöglich absprechen. Indes sind Stärke, Macht, Überlegenheit mehr oder minder relative Begriffe. Will man das Maß an Genialität, das ein Mann besitzen musste, um sein Jahrhundert zu beherrschen, richtig einschätzen, muss man dieses Jahrhundert beurteilen können. Das ist der Ausgangspunkt, von dem her sich eine wesentliche Divergenz in den Urteilen über Napoleon auftat. Wenn die Ära der Französischen Revolution, wie ihre Bewunderer meinen, die glänzendste und rühmlichste Epoche der modernen Geschichte gewesen ist, dann war Napoleon, der in ihr den ersten Platz erringen und fünfzehn Jahre lang behaupten konnte, unstrittig einer der größten Männer, die es je gegeben hat. Wenn er hingegen nur wie ein Meteor aus dem Gebrodel allgemeiner Auflösung aufzusteigen brauchte; wenn er ringsumher nichts fand als die Überreste eines gesellschaftlichen Standes, den die Exzesse einer verfehlten Kultur ruiniert hatten; wenn er bloß einen durch die allgemeine Schwäche schon aufgebrauchten Widerstand, ohnmächtige Rivalen, niedere Leidenschaften, schließlich, nach innen wie nach außen, nur zerstrittenen und durch ihre Uneinigkeit gelähmte Gegner zu bekämpfen hatte, dann steht fest, dass der Glanz seiner Erfolge entsprechend der Leichtigkeit, mit der er sie haben konnte, abnimmt. Weil so aber, nach unserer Auffassung, die Dinge tatsächlich standen, laufen wir, bei aller Anerkennung für das Außergewöhnliche und Imposante an Napoleons Karriere, doch nicht Gefahr, uns von seiner Größe eine übertriebene Vorstellung zu machen.

Das riesige Gebäude, das er errichtet hatte, war ausschließlich das Werk seiner Hände und er selbst dessen Schlussstein. Dieser gigantischen Konstruktion aber fehlte wesentlich das Fundament; ihr Material bestand nur aus den Trümmern anderer Gebäude, teils war es morsch geworden, teils hatte es von Anfang an keine Festigkeit besessen. Der Schlussstein wurde entfernt, und das Bauwerk stürzte in sich zusammen.

Dies ist, in wenigen Worten, die Geschichte des französischen Kaiserreiches. Entworfen und geschaffen von Napoleon, hat es nur mit ihm existiert, und mit ihm musste es untergehen.

[Aus dem Französischen von Brigitte Burmeister]

Anmerkungen

1 Le Moniteur universel: vom Verleger Charles-Joseph Panckoucke 1789 gegründete Zeitung, die Napoleon 1799 zum Amtsblatt der Regierung machte.

2 Robert Stewart, 2. Marquess of Londonderry und Viscount Castlereagh (1769–1822), in Irland geborener britischer Politiker. Als Kriegsminister (1807–09) hatte er maßgeblichen Anteil an der Planung der Feldzüge gegen Napoleon, als Außenminister (seit 1812) betrieb er Napoleons Sturz und nahm am Wiener Kongress (1814–15) teil.

3 Arthur Wellesley, 1. Duke of Wellington (1769–1852), britischer Heerführer und konservativer Politiker, im Kampf gegen Napoleon Befehlshaber der britischen Truppen in Portugal und Spanien, 1815 Sieger (mit Blücher) bei Waterloo, später Ministerpräsident und Außenminister.

4 Henry Bathurst, 3. Earl Bathurst (1762–1834), britischer Politiker, u.a. Kriegs- und Kolonialminister.

5 William Pitt der Jüngere (1759–1806), britischer Politiker, Gründer der Tory-Partei, mehrmals Ministerpräsident. Er trieb zu den kostspieligen Koalitionskriegen gegen Frankreich.

6 Karl I. (1600–1649), war 1625–49 König von England, Schottland und Irland. Unter seiner Herrschaft brach 1640 die bürgerliche Revolution aus, in deren Verlauf er gefangengenommen und hingerichtet wurde.

7 Die rote (oder »phrygische«) Mütze war das symbolische Kleidungsstück der Sansculotten.

8 »Charte constitutionnelle«: Die von Ludwig XVIII. im Jahre 1814 erlassene Verfassung.

9 Das heißt: Jedem Rechtgläubigen, also jedem Muslim, auch dem größten Sünder, ist das Paradies verheißen, wenn er seine Höllenstrafe verbüßt hat — alle übrigen Menschen aber, also die Ungläubigen, sind unabänderlich zur Höllenstrafe verdammt.

10 St. Jean d'Acre (Akkon): alte Hafenstadt in Palästina. Unter dem französischen Namen Sitz christlicher Ritterorden während der Kreuzzüge. 1799 wurde die Stadt, die die Wege nach Damaskus und Aleppo geöffnet hätte, von Napoleon 61 Tage lang vergebens belagert. Einer Legende nach warf dieser beim Rückzug der Truppen mit den Worten: »Wer Saint Jean d'Acre erobert, erobert die Welt!« seinen Hut ins Meer.

11 Dominique Joseph Vandamme (1770–1830), französischer General. Er wurde am 30. August 1813 bei Kulm (in Böhmen) umzingelt und musste sich ergeben.

12 Jean-Baptiste Kléber (1753–1800), französischer General. Napoleon übertrug ihm den Oberbefehl über die französischen Armeen in Ägypten. »Glauben Sie mir«, schrieb er ihm, »dass ich großen Wert auf Ihre Achtung und Ihre Freundschaft lege. [...] Am Himmel Ägyptens verschwinden die Wolken, wenn sich welche zeigen, binnen sechs Stunden; was mich betrifft, würden sie, wenn es sie gäbe, in drei Stunden verschwunden sein. Die Achtung, die ich für Sie hege, ist mindestens jener gleich, die Sie mir zuweilen bewiesen haben.«

13 Am 20. März 1815 rückte Napoleon kampflos in Paris ein.

14 Franz Joseph Gall (1758–1828), Arzt und Begründer der sog. Phrenologie, die geistige Leistungen mit dem Schädelbau in Zusammenhang brachte.

15 Vgl. Niccolò Machiavelli, Der Fürst: »Derjenige Fürst, der mehr Furcht vor seinem Volk als vor Fremden hat, muss Festungen bauen; aber wer mehr die Fremden als das Volk zu fürchten hat, soll es bleiben lassen. [...] Die beste Festung ist die, nicht vom Volk gehasst zu werden, denn wenn ein Volk dich mitsamt deinen Festungen hasst, so schützen dich diese nicht...« (20. Kap., aus dem Italienischen von Friedrich Blaschke, Leipzig 1976, S. 84f.

16 Der karthagische Feldherr Hannibal (246–183 v. Chr.) besiegte römische Legionen im Jahre 218 am Fluss Trebia (in Oberitalien), 217 am Trasimenischen See (dem heutigen Lago di Perugia) und 216 bei der apulischen Kleinstadt Cannae; in der Entscheidungsschlacht bei Zama (südwestlich von Karthago) unterlag er jedoch im Jahre 202 den von Scipio geführten Römern.

17 Auf dem Wiener Kongress musste die Habsburger Monarchie auf die österreichischen Niederlande (das heutige Belgien) verzichten; damit sie nicht unter den Einfluss Frankreichs gerieten, das diese Gebiete während der Revolution annektiert hatte, wurden sie mit den nördlichen Niederlanden vereinigt. Österreich, Preußen und Russland hatten im September 1815 die »Heilige Allianz« gebildet. Sie vertraten die Auffassung, dass die Großmächte in denjenigen Ländern intervenieren sollten, in denen die Regierung des angestammten Monarchen bedroht schien — eine Doktrin, die England ablehnte. England entsandte deshalb zu diesen Kongressen keine offiziellen Vertreter mehr.

18 Balzac zitiert hier aus: Emmanuel Augustin Dieudonné de Las Cases, Mémorial de Sainte Hélène, ou journal où se trouve consigné, jour par jour, ce qu'a dit et fait Napoléon durant dix-huit mois, Paris 1823–24.

19 Charles James Fox (1749–1806), britischer Politiker, Gegner Pitts. Er begründete 1784 die neue Whig-Partei und damit den modernen Liberalismus. Er begrüßte die Französische Revolution, lehnte die Kriege gegen das revolutionäre Frankreich ab und riet zu einem Ausgleich mit Napoleon. Da dieser nicht zu einer Verständigung bereit war, trat Fox für die Fortsetzung des Krieges ein.

20 Joachim Murat (1767–1815) war wegen seines — allerdings oft impulsiven — Mutes hochgeschätzter Mitkämpfer Napoleons, der ihm seine Schwester Caroline zur Frau gab und ihn zum König von Neapel ernannte. Als er versuchte, nach Napoleons zweitem Sturz sein eigenes Königreich zurückzugewinnen, wurde er standrechtlich erschossen. In der Erzählung »Le Colonel Chabert« (1832) von Honoré de Balzac lässt sich Murat als Feldmarschall in der Schlacht bei Eylau (1807) sowie als

Freund den schwerverwundeten Titelhelden irrtümlich für tot erklären und löst damit dessen Drama um die Anerkennung seiner Identität aus.

21 James Maitland, 8. Earl of Lauderdale (1759–1839), mit Fox befreundeter englischer Staatsmann, nahm 1806 an den vergeblichen Friedensverhandlungen mit Napoleon teil.

22 William Wyndham Grenville, 1. Baron Grenville (1759–1834), zeitweilig mit Pitt befreundeter britischer Politiker und Premierminister.

23 Arthur Wellesley, s. Anm. 3.

24 Fremdengesetz; in England verabschiedete das Parlament 1793 – als eine Reaktion auf die Französische Revolution – die erste Aliens Bill. Nach dem Gesetz musste sich jeder Fremde bei seiner Ankunft in England einen Sicherheitspass ausstellen lassen.

Die Übersetzung folgt der Ausgabe in der Editions de Fallois, Paris 1999, die erstmals als: Maximes et pensées de Napoléon, recueillies par J.-L. Gaudy jeune [Honoré de Balzac], Paris: A. Barbier, 1838, erschienen ist.

Der Text von Klemens Wenzel von Metternich stammt: Aus Metternich's nachgelassenen Papieren, Theil 1: Von der Geburt Metternich's bis zum Wiener Congreß, 1773–1815, herausgegeben von dem Sohne des Staatskanzlers Richard Metternich-Winneburg, geordnet und zusammengestellt von Alfons von Klinkowström, Wien: Braumüller, 1880, Bd. 2, S. 275–291. Die Übersetzung aus dem Französischen besorgte Brigitte Burmeister, sie erschien erstmals in der Zeitschrift Sinn und Form, 3/1989, S. 511 ff. Der Verlag bedankt sich für die Abdruckgenehmigung.

Erste Auflage Berlin 2010

Göhrener Straße 7, 10437 Berlin.
info@matthes-seitz-berlin.de | www.matthes-seitz-berlin.de

Umschlaggestaltung unter Verwendung eines Bildausschnittes von Jean Auguste Dominique Ingres, Napoléon sur son trône Impériale, 1806, und eines Portrait Honoré de Balzacs nach einer Daguerreotypie von Louis-Auguste Bisson, 1842
Satz: Torsten Metelka, Berlin
Druck & Bindung: GGP Media GmbH, Pößneck

ISBN 978-3-88221-653-0

Matthes & Seitz Berlin

KLASSIKER BEI MATTHES & SEITZ BERLIN

Jules Barbey d'Aurevilly

Feinheit des Geistes rührt von Niedertracht
Aus dem Französischen und mit einem Essay versehen
von Gernot Krämer
Mit Essays von Paul Bourget und Anatole France
160 Seiten, geb. mit Schutzumschlag

Von dieser Sammlung von Aphorismen geht etwas Bezwingendes aus: Man liest, hält inne. Betrachtet Ideen wie kostbare Bilder, darin eröffnen sich neue Welten, glasklar. Es gelang ihm vortrefflich, die Menschen zu schockieren, nur eines blieb ihm, zum Glück, verwehrt: ›Das schönste Schicksal: Genie haben und unbekannt sein.‹ DIE ZEIT

Die alte Maitresse
Aus dem Französischen von Caroline Vollmann
Herausgegeben, mit Anmerkungen u. Nachwort versehen
von Carolin Fischer
512 Seiten, geb. mit Schutzumschlag

Wie auf einer Theaterbühne tritt der Witz des französischen Dixhuitième im Goldschnörkel der Restauration noch einmal auf und zeigt in der subtilen Porträtzeichnung oder im scharfen Hin- und Herschwirren der Konversation seinen besten Schliff. (...) ein Lesegenuss. FAZ

KLASSIKER BEI MATTHES & SEITZ BERLIN

Maurice Leblanc

Die Gräfin von Cagliostro
oder die Jugend des Arsène Lupin
Aus dem Französischen von Erika Gebühr
Überarbeitet und mit Anmerkungen versehen von Nadine Lipp
Mit einem Nachwort von Richard Schroetter
Mit zahlreichen Illustrationen von Falk Nordmann
343 Seiten, geb. mit Schutzumschlag

Leblanc zaubert mit leichter Hand Schatzkarten und Codes herbei, er zieht die gewagtesten Linien zwischen Okkultismus und Scharlatanerie, doch bei allem siegt der heitere und überragende Verstand des jungen Lupin, ein Champagner unter den Bierflaschen. *FAZ*

Arsène Lupin und der Schatz der Könige von Frankreich
Aus dem Französischen von Erika Gebühr
Überarbeitet und mit Anmerkungen versehen von Nadine Lipp
Mit zahlreichen Illustrationen von Falk Nordmann
272 Seiten, geb. mit Schutzumschlag

Ein rasantes Fin-de siècle – Abenteuer (...) Arsène Lupin ist der Prototyp des gebildeten Meisterdiebs. *TAGESSPIEGEL*

So einen Superheros hat die literarische Welt selten erleben dürfen. (...) Ein in jeder Hinsicht schönes Buch. *DIE WELT*

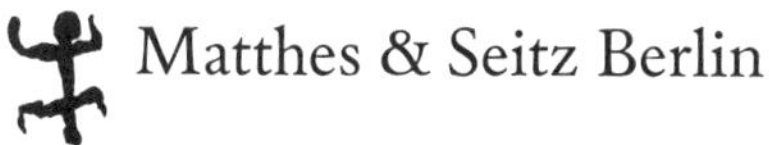